KUSKA PURIKUSUN
RUNASIMINCHISRAYKU

Caminemos juntos:
cuentos y poemas en quechua

Let's Walk Together:
Stories and Poems in Quechua

KUSKA PURIKUSUN RUNASIMINCHISRAYKU

Caminemos juntos
cuentos y poemas en quechua

Let's Walk Together
Stories and Poems in Quechua

———————————

by Elva Ambía Rebatta
and the Quechua Collective of New York

Trident Press
Boulder, CO

ISBN: 978-1-951226-20-6

Cover by A. Nestor Pink

Editor: Leonard Nalencz

Authors: Elva Ambía Rebatta, Jorge Ortiz Dueñas, Eduin Coa Soto, Douglas Cooke, José Santos Chocano, Oscar A. Novillo Torico, Leonard Nalencz

Translators: Elva Ambía Rebatta, Eduin Coa, Leonard Nalencz, Rachel Sprouse, Douglas Cooke

Additional Spanish-language editing by Saraí A. García.

Additional English- and Spanish-language editing by Nathaniel Kennon Perkins.

Published by Trident Press
940 Pearl St.
Boulder, CO 80302

tridentcafe.com/trident-press-titles

CONTENTS

Part One:
Apurimaq Chincherospi sipasmanta /
Una joven de Chincheros, Apurímac /
A Youth from Chincheros, Apurímac
by Elva Ambía Rebatta

Part Two:
Wakin kumpakuna Andesmanta rimanku / Otras voces de los Andes / Other Voices from the Andes

Part Three:
Teqsimuyu / El mundo / The World
by Elva Ambía Rebatta

FOREWORD

by Américo Mendoza-Mori

————————

Every time Elva Ambía Rebatta narrates the genesis of the Quechua Collective of New York, a group she co-founded, she can't help but recall its humble beginnings in a neighborhood library, near her home in Brooklyn. She was on a fruitless quest for books written in her native language, Quechua. It was this sense of frustration that propelled her to take action and curate resources to showcase the beauty and significance of Quechua in contemporary society. All this was accomplished while she was thousands of miles away from her birthplace, Peru, and several decades after her migration to the United States. Today, many years after this pivotal moment, the Quechua Collective of New York (QCNY) remains a vibrant entity: it offers Quechua classes, orchestrates cultural and musical events, and has inspired a plethora of similar initiatives within the United States and beyond. Since the time we met around 2014 during a *Raymi Andino*[1], I've felt thankful to have been welcomed into these nurturing spaces facilitated by Elva and other members of the QCNY.

Despite Quechua being the most widely spoken Indigenous language family in the Americas, it has yet to gain global recognition. However, we do adopt many of its words

————————

[1]. a community celebration with music and food she organized in New York City

in our everyday lexicon (both in English and Spanish): llama, alpaca, jerky, quinoa - these terms form a linguistic bridge connecting us to nearly ten million speakers in South America, to iconic spaces like the Inca ruins of Machu Picchu, and to centuries of rich history and cultural tradition. Yet, UNESCO has flagged Quechua as an endangered language, with its speakers continuing to face discrimination in their native countries, often being denied access to education, justice, and healthcare services. This discrimination is usually rooted in stereotypes against its speakers, and of course, a long history of colonialism.

This poetry compilation, *Kuska Purikusun Runasiminchisrayku*, is a trilingual celebration in Quechua, English, and Spanish, that challenges the stereotype of Indigenous languages being relics of the past or static entities. It offers a deep dive into Elva Ambía Rebatta's life, memories, and inspirations, which originate in the Andean region of Apurimac and later transition to her more urban and cosmopolitan life in New York City. Elva's creativity offers a closer look at the history of the Quechua-speaking movement that exists outside the Andean region, in places like the United States, Spain, and Italy, where thousands of migrants continue to speak their native language, and many are involved in cultural initiatives to pass it on to new generations.

While the book is divided into three sections, each poem can be enjoyed independently. The sequence offers a chronological narrative of the author's life. The first section, "Apurimaq Chincherospi sipasmanta" ("A Youth from Chincheros"), is a poetic reflection of the author's life in the countryside during her early years: her relationship with the natural landscape, her familial responsibilities towards her younger siblings, and her nostalgia for her homeland. The author also shares some of the limitations of rural life, such as the lack of access to healthcare and other basic services that might be signs of precarity. This exposes the dilemma many face when leaving their rural hometowns in search of better opportunities in cities, where they often need to learn new languages to find jobs and survive. In "Wakin kumpakuna Andesmanta rimanku" (Other voices from the Andes), the second section, Elva's voice momentarily steps back, offering a heteroglossia of authors and poems: from compilations of anonymous poetry, translations of the Peruvian poet José Santos Chocano, a story by the Bolivian writer Oscar A. Novillo Torrico, and the incorporation of voices of individuals who have been part of the Quechua Collective that she founded. The third section, "Teqsimuyu" (The world), sees the return of Elva's voice and poems: after learning about her early life in the Andes, we get to learn more about her position as a Quechua speaker in the world, both as a migrant in the United States and on a trip she makes to Brazil. In this later stage of her life, these new spaces and experiences aim to offer advice and teaching moments for us younger readers. Elva, now an elder, also takes the opportunity to address her granddaughter, who belongs to a generation that represents the future of Andean culture in the diaspora.

In addition to the division into three sections, the book presents various themes throughout: one of them being the presence of beloved animals like the dog Asdrúbal during Elva's childhood, as well as the horse Antonio in Peru, and finally the cat Tigresa in New York. In the Andes, connection with 'Pachamama' (Mother Earth) is very important and relational, and this is also manifested in the book through the bonds that the author forms with nature and these animals: Antonio is presented as a good friend, and for the dog Asdrúbal (or Asdru), Elva even dedicates an elegy after his death.

However, there is an additional question upon which the book compels us to ponder from beginning to end: *Pitaq Chay Warmiri?* (Who is She?) Through the different poems, we encounter Elva in various roles: the young Andean and Quechua speaker in the rural towns of the Andes who is captivated by nature; the world traveler who finds her memories in distant places; and the migrant who strives not to leave her culture and native language behind but also to expand it while building community in the country where she has been living for decades. And certainly, Elva's impact is very tangible and appreciated among the Quechua and Andean members in the diaspora. As Rachel Sprouse (a member of the Quechua Collective) and I stated in *Hemispheric Quechua* (2023), the existence of initiatives like the Quechua Collective of New York in the Global North "becomes a powerful statement of the [community's] resistance, resilience, and community-building capacity". In Philadelphia, Elva received The Quechua Alliance's 2018 Lifetime Achievement Award; her work has been featured in local and national media, and has been featured in the short films *Living Quechua* (2014) and *Heritage Journeys: Latin American Ancestry in New York* (2023).

The multilingual presentation of these poems in Quechua, Spanish and English can be a very useful tool to introduce or improve one's understanding of and familiarity with Quechua, especially for students and language enthusiasts. This format also provides an opportunity to comprehend, through literature, the multipolar way of living that many Indigenous language speakers and migrant communities experience: both within their own countries and abroad. Finally, as the Quechua Collective itself enters into new chapters, this publication of Elva's poetry reaffirms the organization's origins and mission that will continue to inspire. At large, this compilation serves as a testament to the creativity, and cultural contributions of Indigenous language speakers around the world. *Kawsachun Runasimi*!

INTRODUCTION
by Leonard Nalencz

———————————

Let's walk together...

There [in Chincheros]
I learned the language of my ancestors
It was there that my language echoed,
The beautiful language of the people.
There my language bloomed
And I could speak the marvelous Quechua.

From that moment on
I have loved my language
I never want it to die
I never want it to disappear

—Elva Ambía Rebatta, from "My two beloved towns"

The poems and stories that follow are primarily the life work of Elva Ambía Rebatta, an Indigenous woman who was raised in Apurímac, Peru as a bilingual speaker of Quechua and Spanish. The origin story of both *Let's Walk Together* and the Quechua Collective of New York is this: Elva moved to Brooklyn in the 1960s, and one day she went to the Brooklyn Library to see what books they had in Quechua. She only found one—a slim phrasebook. In typical fashion, Elva decided that there needed to be more books in Quechua, so she began teaching classes and gathering her writings to add to the library's collection. Her first book was *Qoricha*, published in 2016, and now we have *Kuska Purikusun / Let's Walk Together*.

What follows is a collection of stories and poems, mostly written in Quechua and translated by volunteer members of the Quechua Collective of New York. We began working together in earnest on organizing and translating Elva's writing when the pandemic hit in 2020, and our classes went online. We worked to schedule meetings so that participants in France, New York, California, Peru, and Bolivia could join at the same time. The texts here were written throughout the course of Elva's life. Some are decades old; others (like the poem about the self-assured cat Tigresa's arrival to their Brooklyn apartment) are recent. The book is divided into three parts: the first part is all work by Elva and is primarily about her youth in rural Peru. This section has stories about her siblings, their dog Asdrúbal, their horse Antonio, and about Elva's parents and her Aunt René. Throughout, we feel Elva's love for Chincheros, the small town in Apurimac where many of these stories are set. In the poem "We left Chincheros to seek a better life", the narrator says, "Only in my dreams did I see Chincheros". But then, after a line break, she says, "Upon returning many years later...". Is this a dream, or did she make it back? It is unclear. The poem ends with a hope for another visit: "Perhaps, returning here, I'll have another chance".

The second section of the book includes a number of different voices. A Quechua speakers from Bolivia (Eduin Coa Soto) contributed his original story and voice to the book. Three of the selections here were originally written in Spanish: "Who can know?" (Santos Chocano), "Poor schoolhouse" (Jorge Ortiz Dueñas) and "The playful moon" (Novillo Torrico). Elva has always loved these stories, and wanted to translate them into Quechua; they appear here as homage to Elva's childhood, in the spirit of the Andean collection. (Quechua learners might notice the changes in orthography from one writer to another, which reflect differences in regional and national variants).

Finally, section three is entitled "The World". These poems and stories were written by Elva about the issues that animate her the most. "I will recount my suffering" is a fierce declaration of feminist solidarity, which is balanced by the tenderness of "To Naya", a love poem to Elva's granddaughter. The next two poems also seem to be paired: "Feeling contradictions" and "A song of love" dramatize the eternal human dynamic of anger and kindness. "Sweet water, beloved water" is a paean to the source of all life; "Brazil" begins with a journey the narrator takes, and dramatizes another contrast: on one hand, a society that values material wealth above all else; on the other, a community based on reciprocity. The final poem in the collection, "Who is she?", contains multitudes, like its author.

This book gives voices to the culture of the Andes, and it seems to respond to one voice in particular. The Peruvian writer José María Arguedas states in the prologue to his book *Tupac Amaru Kamaq Taytanchisman* (1962):

> Those of you who have a better command than I of this language, I plead to you to write. We must increase [the body] of our Quechua literature, especially in the Language that the people speak; even though the other variety, the stately and erudite, should also be cultivated with the same dedication. Let us demonstrate that contemporary Quechua is a language in which one can write poetry in a manner which is as beautiful and moving as any of the other languages perfected by centuries of literary tradition. Quechua too, is a millenary language.[1]

1. Arguedas, José María, *Tupac Amaru Kamaq Taytanchisman*. P. 8. Ediciones Salqantay, Lima, 1962.

The poems and stories in *Let's Walk Together* aspire to increase the literature of Quechua in both of the literary registers that Arguedas mentions: Elva's stories about the family dog, Asdrúbal, and about her Aunt René, who passed a counterfeit bill to get her nieces into the movie theater, are in "the Language that the people speak", while the "stately and erudite" language is in poems like Eduin Coa Soto's "Last night I dreamt about my mother, and Elva's "Sweet water, beloved water". Both of these latter poems are heartfelt and moving entreaties for all of us to love our earth.

We hope that readers find these poems and stories as compelling and entertaining as we do, no matter which language they read them in. Poetry should both delight and instruct, the Roman poet Horace says, and so as the demand for Quechua language instruction grows, and more universities offer courses in Quechua language and/or culture, this anthology offers students a way to experience the language as a living, literary phenomenon.

Ultimately these stories and poems represent Elva Ambía Rebatta: they are trilingual, heartfelt, and expansive. In person, Elva moves comfortably and somewhat unpredictably from Quechua to Spanish and to English and back, so reading *Kuska Purikusun* is a little like sitting in her living room in Brooklyn. It is her voice which begins and ends this book, and Elva's voice is immediate: it calls you to her presence, and invites you to attend.

PART ONE
by Elva Ambía Rebatta

––––––––––––––

Apurimaq   Chincherospi   sipasmanta
Una joven de Chincheros, Apurimac
A youth from Chincheros, Apurimac

QALLARIY HINALLATAQ TUKUKUY

Tukuy imapaqpas qallariynin kan.
Chaynallataq tukuy imapaqpas tukukuynin kan.
Ñoqapaqñataq chay qallariyqa chayamuwanña.

Kunan ichaqa manaña pipas ñawiyta
   ñawsayachipuwanqañachu.
Ñawiy kicharisqallaña kachkaptin.

Manaña pipas simiyta upallachipuwanqañachu.
Rimayta yacharuptiy chaymi rimakuyta yachaniña.

Manaña pipas rinriyta upayachipuwanqañachu.
Uyariyta yacharuptiyña.

Manaña pipas yuyayniykunata qunqachipuwanqañachu.
Allin hamutayta yacharuptiyña chaymi hamutasqayta
   niniña.

Kunan ichaqa turiykunapa qoriqolqe waskhankunata
   pakirparusaqñam.
Kunan ichaqa ñañaykunapa qoriqolqe waskhankunata
   pakirparusaqñam.

Kunan ichaqa mosoq paqarisqa wawakunapa qori
   waskhankunata pakirparusaqñam.
Hamuq pachapi paqariq wawakunapa waskankunatapas
   pakirparusaqñam.

Huk punchaw chay tukuq pachaman chayaykusunchikmi.
Chaynallataq kusi kawsayninchik hinallataq atipayninchik
   hamunqa.

UN COMIENZO Y UN FINAL

Para todo hay un comienzo,
y para todo hay un final.
Para mí, ese comienzo ya ha llegado.

Ahora sí, nadie me venderá los ojos,
Porque ya mis ojos están ampliamente abiertos.

Ya nadie me silenciará la voz,
Porque al saber hablar ya me puedo expresar.
Ya nadie tapará mis oídos,
Porque ya aprendí a escuchar.

Ya nadie perturbará mis pensamientos,
Porque al saber reflexionar, ya expreso mis reflexiones.

Ahora sí: Romperé las cadenas de hierro de mis hermanos,
Romperé las cadenas de hierro de mis hermanas,
Romperé las cadenas de hierro de los recién nacidos,
Y de los que en el futuro nacerán.

Y un día llegaremos a ese final
Que será nuestra paz y nuestra victoria.

A BEGINNING AND AN END

For everything there is a beginning,
And for everything there is an end.
For me, that beginning has arrived.

Now no one will blind my eyes
Because my eyes are wide open.

Now no one will silence my voice
Because I have learned to speak and express myself.
Now no one will deafen my ears
Because I have learned to hear.

Now no one will cloud my thoughts
Because I have learned to think and speak my mind.

Now, yes, I will break the mighty chains of my brothers.
Now I will break the mighty chains of my sisters.
Now I will break the mighty chains of the newborns,
And of those who are yet to be born.

And one day we will reach that end
Which will be our peace and our victory.

ÑOQA KASQAYPUNI KANI

Ñoqa kasqayhinapunikani:
Ñoqa kani inkapa ampullun, mayakunapa, aymarakunapa,
  asiáticokunapa, africanokunapa, españolkunapa
  wayqepanam ima.
Yawarniymi tukuy llimpikuna, tukuy laya runakunapahina.
Ñoqa mestiza kani, africanowan inkawan taqrusqa.
Ñoqa kasqayhinapunikani, ñoqa kani misti, criolla,
Perumanta erqecha.
Chukchaymi chutasqa crespo.
Kurkuymi qorihina, runasimita rimani, apuskiykunapa
  siminta.
Takini pisqochakunahina, wayrapa pukusqanhina, illapapa
  qaparisqanhina.
Pachaypas llapa llimpikuna chirapahinam,
Tawantimuyupa laparanhina.
Ñoqa yupaychani Inti taytata, Mama killata, Pachamamata
kawsachiwasqanchisrayku.

SOY QUIEN SOY

Soy quien soy, y tal como soy:
tataranieta de los incas, hermana de los maya, los aymara,
   los asiáticos, los africanos y los españoles.
Mi sangre es de cada raíz y cada color, de cada clase de
   persona.
Soy mestiza, mezcla de incas y africanos
Soy quien soy: mestiza, criolla, hija del Perú.
Mi cabello es lacio y a la vez crespo.
Mi piel es dorada, hablo el Quechua, idioma de mis ante-
   pasados.
Mi canto es como el trinar de los pajaritos,
como el silbido del viento,
como el trueno.
Mi ropa es de todos los colores, como el arcoiris,
como la bandera del Tawantinsuyu.
Yo honro al padre Sol, a la madre Luna, y a la madre Tierra
porque ellos nos dan la vida.

I AM WHO I AM

I am who I am:
I am the great-granddaughter of the Inkas,
Sister of the Mayans, Aymaras, Asians, Africans and Span-
iards.
My blood is of every race and every color, of every class of
person.
I am a mix of Incas and Africans
I am who I am: I am mestiza, *criolla*, a daughter of Peru.
My hair is both straight and curly.
My complexion is golden.
I speak Quechua, the language of my ancestors.
My song is like the trilling of birds, like the sound of the
wind, like thunder.
I dress in many colors, every color of the rainbow,
like the flag of Tawantinsuyu.
I praise the sun, the moon, and the earth,
for they give us life.

TAYTAY HAMPIQ

Willarikusqaykichik Chincherosmanta. Kay huchuy llaqtachapi, qanchis chunka watakuna ñawpaqpi, kinsa pachaq runakunalla tiyaranku. Chaypi kaspaykiqa yachankiman mana hampina wasi, mana hampiqkuna, mana hampiqkunapa yanapaq ima kasqantachu. Ichaqa pipas onqokusqa kaqtinqa, ima nanayninpas kaqtinqa, paykunaqa kikinkupa hampiq wiraqochammanmi pusamuranku, taytaymanmi, "hampiq Mariano" nispanku.

Payqa sapa kuti utqalla onqoq runapa nanaynin qhawaq riran. Imatapas kikinpa makinwanpuni hampiran.

Chincheros llaqtapi 28 julio killapi 1950 watapi llaqtamasikuna raymita ruwaranku Peru suyupa hayllinrayku. Kay raymitaqa huk semana ruwaqku. Sapa punchawmi runakunaqa mikhuqku, upyaqku, tusuqku, takiqku ima. 27 juliopi, waynasipaskunaqa ñanpi muyuqku ñawra kancharinanta hapirayaspa. Chay kancharinakunata makinwan ruwaykuranku. Raymi karguyuqqa aswan allin kancharina ruwaqtasaminchaqmi. Semana tukukuptin toro puqllay kaq Plaza de Armaspi.

Chay punchawpi, llapan plazamanta lloqsinata harkasqaku kullu perqawan. Torokunata chiwatapi wisqasqaku. Chaymanta torokunata huk hukmanta lluqsichiranku mana manchakuq qarikunawan puqllanankupaq. Hinaqtin llaqta runakunaqa wasinkumanta, balconmantapas toro puqllayta qhawaranku. Taytamamaypa kumpankuna, Motta ayllu, wasinkuman minkariwaranku toro puqllayta balconninmanta qhawanaykupaq.

Qallarinankupaq, puqllaqmasikuna plazaman haykumuranku. Ñawpaqpi torero Arriaran sutiyuq, hatun puka qellu capanta uqarispa, qali qalillaña haykumuran. Chaymanta matador Olano qelmo anqas capayuq haykumuran, hatun kuchunanta hapispa. Banderillero Barnetñataq, iskay wipalata hapispan. Taytaytaq Mariano chay wipalakunata ruwaran. Qali qalillaña, apuyakusqallaña ima kaspa, plazamanta llapa runakunata napaykuranku.

Ñawpa toro lluqsimuqtin, Arriaranwan, Olanowan kuska llankaranku. Eqeqo toropa wasanman sirasqa karan. Toro puqllaqkunaqa chay eqeqota hapirquna karan. Sasam karan eqeqo kiptanapaq toropa wasanmanta. Hinaspapas kuska llankaykuspanku paykunaqa eqeqota orqoruranku. Ichaqa llapan runakuna Gabrielta qhawarayaranku. Llaqtamasiyku Gabriel, traguta ukyaspa, qariykachachkaran. Plazaman phawaykuran torowan puqllakuq.

Punchunta uqarispa, torota rimaykuran, "Haku toro, hamuy!" nispa. Allpata chakinwan aspichkaran torohina, qasqonta takakuspa. Toroñataq runaman pawaykarun, waqranwan hanayman oqariruspa, allpaman wischurpariran. Gabrielpa wiksanmanta yawar poqchiramun. Qawaqkuna "Olé! Olé! Olé!" qaparichkanankama, wakin toro puqllaqkuna torota waqyaranku mana Gabrielta sipinanpaq. Toroqa Arrianman phawaykuran. Arriaranpas Olanopas capanwan torota pantachiyta munackharanku. Torota Gabrielmanta qatiranku. Wakin llaqtamasikunañataq sirkaq Gabrielta wantuspa, Mottapa wasinman apamuranku. Taytay Mariano utqayllaña payta qawaykuran. Gabrielqa kuyay kirisqa kachkaran. Gabriel machasqa karan, manataq puñuchkaranchu, chaymi aswan traguta upyachiranku. Wiksan sinchi kutusqa karan, chinchullnintaq lloqsirimuchkaran. Marianoqa warminpa Aurelia yanapasqamwan, qasilla kirinkunata chuyayachiran. Chaymanta chunchullninta churaykupaspa wiksanpi kirita siraykuran. Chaynallataq taytay "hampiq Mariano" nisqa Gabrielta hampiruran. Gabrielqa Motta wasinpi qipakuran allinyanankama.

MI PADRE EL DOCTOR

Imagínate hace setenta años en Chincheros, un pequeño pueblo rural con apenas trescientas personas, donde no había hospitales ni médicos, enfermeras ni clínicas. Si alguien se enfermaba o sufría un accidente, lo primero que hacía la gente de este pueblo era llamar a su curandero, a quien llamaban "Doctor Mariano", mi papá.

Él estaba siempre listo para atender cualquier emergencia. Fuera enfermedad o accidente, mi padre tomaría el asunto en sus propias manos.

El 28 de julio de 1950, Chincheros celebraba el día de la Independencia. Las festividades duraban una semana entera. Durante el día la gente comía y bebía, bailaba y cantaba. La noche antes del día de la Independencia, los jóvenes desfilaban en las calles con linternas caseras multicolores. Los niños tenían concursos y los oficiales daban premios para las mejores linternas. La semana terminaba con una corrida de toros en la Plaza de Armas.

Uno de esos días, todas las salidas de la plaza fueron bloqueadas con cercas de madera. Los toros estaban encerrados en una jaula. Los toros se alinearon uno tras otro para salir a pelear contra los hombres que intentaron su destino. Algunas personas miraron la corrida desde sus hogares y balcones. Pero mi familia tuvo el privilegio de mirar la corrida desde el balcón del segundo piso de la casa de los compadres de mis padres, Los Motta.

Cuando todo estaba listo para comenzar la corrida, entró en la plaza el equipo de lidia: Arriaran, el torero, agarraba su capa amarilla y roja. El otro matador, Olano, vestía una capa anaranjada y azul y sostenía una gran espada. Barnet, el banderillero, agarraba dos banderillas que habia hecho mi padre. Sintiéndose muy valientes y orgullosos, entraron en la plaza para saludar a la audiencia.

Cuando se soltó el primer toro, Arriaran y Olano trabajaron juntos, como un equipo. La meta era tomar el premio, una muñeca que había sido cosida en el lomo del toro. Fue difícil separar el objeto del lomo del toro, pero con mucho esfuerzo, lograron arrancar la muñeca. Los ojos de la audiencia, sin embargo, estaban puestos en Gabriel, que había tomado unos tragos, y sintiéndose valiente corría hacia el toro.

Con su poncho, empezó a burlarse del toro, diciendo "Vamos, ven acá toro," raspando el suelo como el toro y golpeando su pecho. El toro, con sus cuernos puntiagudos, corrió directamente hacia él y lo levantó y lo tiró al suelo. La sangre de Gabriel se derramó de la herida que hicieron los cuernos del toro en las tripas. Mientras la audiencia gritaba "Olé! Olé! Olé!," los toreros intentaron distraer al toro que, después de tirar a Gabriel al suelo, se volvió a Arriaran y corrió hacia él. Tanto Arriaran como Olano se apresuraron al toro con sus capas rojas. Finalmente lograron separar a Gabriel del toro, y otros hombres de la muchedumbre se lo llevaron, ensangrentado, a la casa de la familia Motta. Mi padre Mariano se apresuró a examinarlo. Estaba gravemente herido. Gabriel estaba borracho, pero no tanto como para hacerse perder el conocimiento, así que le dieron más alcohol. Fue corneado en la barriga y sus intestinos estaban colgando. Mariano, asistido por su esposa Aurelia, limpió pacientemente sus heridas usando unas pinzas, tijeras y otras herramientas médicas. Luego Mariano colocó los intestinos en su lugar y lo cosió. Finalmente desinfectó sus suministros de operación. Fue así como mi padre, "Dr. Mariano" pudo operar a Gabriel, que se quedó en la casa Motta hasta que se recuperó.

MY FATHER THE DOCTOR

Imagine yourself seventy years ago in Chincheros, a small rural town of about 300 people, where there were no hospitals or doctors, nurses or clinics. If anyone became ill or had an accident, the first thing the townspeople would do was call their own medicine man whom they referred to as "Doctor Mariano." My father.

He was always ready to attend to any emergency. Whether illness or accident, he would take matters into his own hands.

On July 28, 1950, Chincheros was celebrating Peruvian Independence Day. Festivities lasted a whole week. During the day, people would eat and drink, dance and sing. On the night before Independence Day, the young people paraded through the streets with homemade multi-colored lanterns. The children had contests, and officials gave prizes for the best lanterns. The week ended with a bullfight in the Plaza de Armas.

On the day of the bullfight, all the exits of the plaza were barricaded with wooden fences. The bulls were locked in a cage. Then they were lined up one after the other to come out and fight the men who would tempt their own fates. Some people watched the fight from their homes. But my family had the privilege of watching the fight from the house of our friends, the Mottas, who had a second floor balcony.

When everything was about to begin, the fighting team

entered the plaza: Arriaran was holding his yellow and red cape. The other matador, Olano, was wearing an orange and blue cape and holding a large blade. Barnet, the banderillero, was holding two banderillas that my father had made. Feeling very courageous and proud, they entered the plaza to greet the audience.

When the first bull was released, Arriaran and Olano worked together as a team. The goal was to seize the prize, a doll that had been sewn onto the back of the bull. It was difficult to detach, but with hard work, they might succeed in tearing the doll away. However, the audience's eyes were on Gabriel, who had had a few drinks and was feeling cocky, running toward the bull.

He started to tease the bull with his poncho, saying "Come on, come at me bull," imitating the bull and pounding on his chest. The bull, with its pointed horns, charged straight at him, hoisted him up, and tossed him onto the ground. Blood spilled from Gabriel's guts. As the audience was shouting "*Olé! Olé! Olé!*", the bullfighters attempted to distract the bull, who, after knocking Gabriel over, had turned to Arriaran and run towards him. Both Arriaran and Olano hurried to distract the bull with their capes. Finally, they were able to separate Gabriel from the bull, and some men from the crowd carried the bleeding Gabriel to the Motta family's house. My father Mariano hurried to examine him. He was badly hurt. Gabriel was drunk, but not enough to knock him out, so they gave him more liquor. He was gored in his stomach, and his intestines were hanging out. Mariano, assisted by his wife Aurelia, patiently cleaned the injuries with tweezers and scissors. My father then put the unfortunate man's intestines back in place and sewed him up. Finally, he cleaned his instruments. That is how "Dr. Mariano," my father, was able to perform surgery on Gabriel, who stayed in the Motta's house until he recovered.

ISKAY ANCHA KUYAKUSQAY
LLAQTALLAYKUNA

Chirismi mamitay Aureliapa llaqtanqa karqan.
Chay llaqtapipunim paqarirqan.
Chaypipunim ñuqatapas paqarichiwarqan.

Kay teqsimuyutapas reqsichiwarqan.
Chaypim intipa kancharisqantapas hatarichiwarqan.
Chawpi punchawpi, hatun urqukunapa chawpichanpi
kaqtin
Killatapas rikuchiwarqan chawpi tutallapi.

Huk watachayuqña kaptiyñataq
huk hatun Lima sutiyuq llaqtaman apawarqanku
kimsa ñañaykunatapas.

Chay llaqtaqa manam sumaqchu karqan.
Chaypipunim taytaypas unqukurqan, ñuqapas
unqukurqani.

Chaymi taytamamay taytaypa llaqtaman pusawaranku.
Chaypipunim taytaypa llaqtanta reqsichiwaranku.
Chincherosmi chay llaqtapa sutinqa.

Chaypipunim wiñarqani.
Chaypipunim apuskiykunapa siminta yacharqani.
Chaypipunim runasimiyqa toqyarqan
kay sumaq qichwa simita rimanaypaq.

Chaymanta pacham ñuqa
anchata kuyakuni kay simiytaqa.
Manapunim wañunantaqa munaymanchu.
Manapunim tukunantaqa munanichu.

Wiñaypaq kawsanantam tukuy sonqoywan munani.
Chaymi kunanqa tukuy kallpaywan llankani.
Tukuy sonqoywanmi, llapan runakuna
yachayta munaptinkuqa yachachisaq
qechwa, runa simi wiñaypaq kawsananpaq.

Kawsachun runa simi! Kawsachun qichwa simi!
Kawsachun runa simi! Kawsachun qichwa simi!

MIS DOS AMADOS PUEBLOS

Chiris era la ciudad de mi mamita Aurelia.
En esa ciudad nació ella.
En esa ciudad nací yo también.

Ahí me hizo conocer el mundo.
Ahí el brillar del sol también me hacía levantarme.
Al mediodía, el sol estaba encima de las montañas;
Me hacía ver la luna a la medianoche.

Pero cuando ya cumplí un año,
Con mis tres hermanas,
me llevaron a una gran ciudad llamada Lima.
Nos llevaron a mis tres hermanas y a mí.

Esa ciudad no era bonita.
Ahí mi papá y yo nos enfermamos.

Por eso mis padres nos llevaron a su pueblo en la sierra;
Nos hicieron conocer ese otro pueblo
Llamado Chincheros.

Era el pueblo natal de mi papá
Ahí yo crecí
Ahí aprendí el idioma de mis antepasados
Ahí es que mi lengua resonó,
La hermosa lengua quechua.

Desde ese momento
Quiero muchísimo mi lengua
No quiero que muera nunca.
No quiero que se acabe nunca.

Quiero con toda mi corazón, sinceramente, que viva para
   siempre
Por eso ahora trabajo sin descanso.
Con toda mi alma a todos,
Cuando quieran aprenderla, les enseñaré.
Para que el quechua, el runa simi, viva para siempre.

¡Que viva el runa simi! ¡Que viva el quechua!
¡Que viva el quechua! ¡Que viva el quechua!

MY TWO BELOVED TOWNS

Chiris was the city of my mother Aurelia
In this city, she was born
In this city, I was also born

There I learned about the world
There the brilliance of the sun made me rise.
At midday, the sun was above the mountains
At midnight, the sun illuminated the moon.

When I was just one year old
They took me to a large city called Lima
along with my three sisters

That city was not lovely
There my father and I both got sick

So my parents brought us to my father's town, in the
    mountains.
He introduced us to this other town, called Chincheros.

It was my father's hometown
There I grew up
There my language bloomed
The language of my ancestors
And I began to speak the marvelous Quechua.

From that moment on
I have loved my language
I never want it to die
I never want it to disappear

With all my heart, I want it to live forever
For this reason, I work tirelessly
With all my soul, for everyone—
When they want to learn, I will teach them
So that Quechua, Runa Simi lives forever

Long live Runa Simi! Long live Quechua!
Long live Runa Simi! Long live Quechua!

MAMATAYTAYMAN YUPAYCHAY

Mamataytalláy, kay punchawpi anchata yupaychaykichik.
Yachani kaypi kasqaykichikta, uyariwasqaykichikta,
Kuyapayawasqaykichikta ima noqahinallapas qamkunata.

Apu taytanchikkuna munaranku qamkuna mamataytay
  kanaykichikta,
Manam paykuna pantarankuchu.
Kay sumaq teqsimuyupi allinta sumaqta waqaychawanayki-
  chikpaq
Chayraykum qamkuna mamataytay kankichik.

Qamkunaqa yachachiwarankichik sumaq allin ñanpi puri-
  kunaypaq
kay sumaq kawsayniypi.

Qamkunawanmi yacharani llapan kawsaqmasikunata
  yupaychayta kuyakuyta ima.
Yacharani kawsaytapas pachamamatapas kuyakuyta
Tukuy ima tikrakusqantapas.

Punchawninkunata, tutankunata, parankunata,
intita, killata, chaskankunata ima
Paranta, illapanta, wayranta, pacha kuyuyninta, wayqonta
  ima.
Qamkunawan yacharani kawsayninchik kuyakuyta
Kusikuyninchikkunata, llakikuyninchikkunatapas,
Wakchapas qapaqpas kaptinchik.

Niwarankichik kikllupi purinayqa manan atiyllachu kanqa,
  sasamá kanqa,

Yachachiwarankichik urmaspayqa hatarispa allin puri-
kunaypaq.

Qamkunaqa, manam haykapas hatun yachay wasitaqa
yaykuspa,
Hinaspapas hampiqwan abogadowan karankichik llaqtama-
sinchikkunapaq
Kawsaymi munaran chayna kanaykichikta,
Chaynatapunim wawaykichikkuna rikuraniyku llapan ru-
wasqaykichikta,
Hinatayá qamkunamanta yacharaniku.

Yuyanim chay punchawkunata qayna punchawtahinapuni,
Wañuwañu onqoq runakuna wasinchikman hamusqankuta,
"llaqtanchikpa hampina wasin", nispa ninku,
Qamkunam paykunataqa hampirankichik.

Onqoq runakunata puñunaykichikman churaykuspa
hampirankichik makiykichikwan.
Tukuy sunquykichikwanmi, qasi qasilla,
Sumaq pachamamapi wiñasqan qorakunata huñuspa,
yakuwan tikrachispa,
Tukuy ruparupa kurkunkuta armaykurankichik chiriyanan-
kupaq.

Chayraykupunim kawsayqa amawta hampiq sutita chu-
rasurankichik.

Llaqtanchikpi, pitaq llaqtamasikunapa takanakuyninkuta
amacharan?
Runawan umalliqwan rimanakuqtinkupas?
Kamachiqwan llankaq runawan, yanapaqwan, wasimasiwan
ima?
Warmiqosawan, Mamataytawan, warmakunawan ima?

Qamkunam. Allinta paykunata amacharankichik.
Qamkunam, ancha kuyakusqay Mamataytallaykuna kan-
  kichik.

Chaymi kawsayqa amawta amachaq sutita churasuran-
  kichik.

Mana kamachiq umalliqchu karankichis,
Mana chayta iñiptiykichik.

Ichaqa qamkunaqa munarankichik qasilla kawsayta,
Llaqta runakuna kusi kusilla kawsanankupaq.

Ancha yuyaysapa allin sonqoyoq ima karankichik.
Qamkunamanta yacharani ayninakuyta:
Wasiykichikqa llapan runakunapa wasinmi kapuran.
Mikuyniykichikqa llapan llaqtamasikunapa mikuyninmi ka-
  puran.

Chunka hukniyuqmi wawaykichikkuna kapuran:
Iskay qariwawaykichikkunaqa qamkunawanñam
hanaq pachapi kachkanku.

Wakinñataq kay pachapiraq kachkaniku kamaqniyku
  waqyamuwanankukama.

Llapayku qamkunata anchata kuyaykiku,
llapayku wawaykikuna hinallataq,

Ima yachachiwasqaykikutapas ruwaspayku sapa punchaw,

Qamkunata munakuspaykupas kuyaspaykupas
Wiñaymantapacha wiñayninchispaqkama.

HOMENAJE A MIS PADRES

En este día los recuerdo y saludo, Mamá y Papá.
Sé que están aquí escuchándome, sintiéndome,
como yo los estoy escuchando y sintiendo también.

Cuando el destino decidió que ustedes fueran mis padres
No se equivocó.
Porque ustedes fueron para mí los mejores padres del
    mundo.
Ustedes me enseñaron el camino que debía seguir
En esta larga y hermosa vida.
Con ustedes aprendí el respeto y el amor
hacia todos los seres del mundo.
Aprendí a amar la vida y la naturaleza
Con todos sus altibajos.
Con sus días y sus noches, con sus nieblas y tinieblas
Con su sol, con su luna, con sus estrellas
Con sus lluvias, truenos, tormentas, terremotos, y aluviones.

De ustedes aprendí a amar la vida
Con sus alegrías y sus tristezas, con su pobreza y su riqueza.

Ustedes me dijeron que el camino a seguir no sería fácil sino
    difícil,
Pero me dijeron que si caía, debía levantarme y seguir ad-
    elante.

Ustedes, que nunca pisaron la Universidad,
Eran doctores y abogados de nuestros compoblanos,

La vida los graduó así, y nosotros, sus hijos, observamos y
   aprendimos de sus ejemplos y enseñanzas.

Recuerdo aquellos días como si fuera ayer. Cuando los en-
   fermos casi moribundos llegaban a la casa, "el hospital del
   pueblo", para que los curaran.

Ustedes los acostaban en su propia cama,
Y con sus manos, con todo su amor y paciencia,
Juntaban las santas hierbas que la naturaleza brindaba.
Mezclándolas con agua, ustedes bañaban a los pacientes
Para que la fiebre les bajara, y así los curaban.

Por eso la vida los graduó de doctores en medicina.

¿Y quién mediaba en los pleitos del pueblo?
¿Entre jefes y obreros, entre amo y campesino, o entre ve-
   cinos?
¿Entre mujer y marido, entre padres e hijos?
Fueron ustedes, queridos padres.

Por eso la vida los graduó en Leyes,
en abogados del pueblo.

Si ustedes no fueron gobernantes, fue porque ustedes
no creían en gobernar.
Querían más bien la paz y la armonía del pueblo.

Ustedes eran sabios y muy amorosos.
Con ustedes aprendí a compartir:
Su casa fue casa de todos
Sus alimentos fueron alimentos para todos.

Ustedes tuvieron once hijos,
dos de ellos están con ustedes en el cielo.

Los demás estaremos aquí hasta cuando
nuestro Creador nos llame.

Todos los amamos cada uno a nuestra manera.

Seguimos y practicamos sus sabias enseñanzas cada día
Amándolos y sintiéndoles
desde la eternidad, hasta nuestra eternidad.

HOMAGE TO MY PARENTS

Today, I remember you and honor you, my mother and fa-
ther.
I know you are here listening and understanding me
as I am listening and understanding you.

When destiny decided to make you my parents
It didn't make a mistake.
Because you were the best parents in the world for me.

You taught me the best road to take
in this long and beautiful life.

From you I learned to respect and love all living things in
the universe;
I learned to love life and nature
With all its ups and downs.

With its days and nights, with its mist and darkness,
with its sun, moon, and stars
With its rains, thunder, tornados, earthquakes, and storms.

From you I learned to embrace life
with its happiness and sadness, its poverty and wealth.

You told me that the road to take was not going to be easy,
but difficult.
You taught me that if I fell, I had to get up and continue
ahead.

You, who never set foot in a university,
had been doctors and lawyers for our townspeople.

Life gave you these honorary degrees, and we, your children,
  observed and learned from your example and teachings.

I remember those days like they were yesterday,
when deathly ill people arrived at the house, "the town's
  hospital,"
so that you could heal them.
You put the patients in your bed,
and with your hands, with love and patience,
gathering sacred herbs that nature provided,
mixing them with water to bathe them,
you lowered their temperatures and cured them.

That is why life gave you the degree of doctors in medicine.

And in the town, who mediated the fights?
Between the people and the leaders, the overseers and the
  peasants, or between neighbors?
Between husband and wife, parents and children?

It was you. That is why life gave you a degree in law.

You were not governors because you didn't believe in gov-
  erning,
But you wanted peace and harmony between people.

You were wise and generous.
From you I learned to share.
Your home was everybody's home,
Your food was everybody's food.

You had eleven children:
The first and second boys are with you in heaven.
The others are still here until our Creator calls us.

We all love you very much, each in our own way.

We practice your wise teachings day by day
loving you and feeling you
From eternity, until our eternity.

APUYASQA WAYNA RUNAPA SONQON

Watan watanmi ñuqa purini
Llaqtan llaqtanmi ñuqa purini
Weqe ñawintin kay teqsimuyupi
Paqarichiwasqan mamallayta
Tukuy sonqoywan maskamuchkani
"Ichapas tariramuyman" nispa.
Chay punchawmi chayamuran
kusikuspaymi mamitayta marqakurani
"Amaña ñuqamanta rakikuychu" nispa
manaña, manaña kachaykuyta munaniñachu.
Yachaniñam taytay sonqoykita nanachisqanta
Qanmanta rakichiwasqanta.

Amaña waqaychu mamitáy,
Amaña llakikuychu mamitáy.

Yachaniñam taytay wayna kaspan
Apuchakuspa sonqonwan pantakuspan
Qanmanta rakichiwasqanta
Sonqoykitapas anchata nanachisqanta.

Amaña mamitáy waqakuychu mamitáy
Amaña mamitáy llakikuychu mamitáy.

Hatunñam kunanqa kani
Kayqayá tariramuykiña
Kunanmanta qepaman
Qanwan kuska wiñaypaq tiyanaypaq
Kunanñataqmi taytayqa llakikuspa,
Wanapakuspa pampachanaykita munan.

EL CORAZÓN DE UN JOVEN
ARROGANTE

Año tras año voy caminando
De pueblo en pueblo voy caminando
Con lágrimas en los ojos voy por este mundo
A la madre que me dio luz
Voy buscando con toda mi alma
Pensando "Quizás pueda encontrarla".
Ese día había llegado
Me llené de alegría y abracé a mi mamita
Diciendo, "Ya no te separes más de mí".
Nunca más, nunca más quiero dejarte ir.
Ya sé que mi papá te hizo sufrir
Porque él fue quien me separó de ti.

Ya no llores más mamita;
No quiero que sufras más, mamita.

Ya sé que cuando mi papá era joven
Con el corazón lleno de arrogancia cometió el error
De separarme de tí
Y hacerte sufrir.

Ya no llores más mamita;
No quiero que sufras más mamita.

Ahora ya estoy grande
Al fin te encontré
De hoy en adelante
Estaremos juntas para siempre.
Ahora mi padre con tristeza
Arrepentido pide que le perdones.

THE HEART OF AN ARROGANT YOUNG MAN

Year after year I walk
From town to town I walk
With tears in my eyes I walk this earth
searching for the mother who gave birth to me
asking with sorrow in my heart,
"Can I possibly find her?"
That day had come:
Overcome with joy, I embraced my mom
Saying "Don't leave me ever again!"
Never again, never again will I let you go.
I now know that my father made you suffer
Because it was he who separated us.

Don't cry anymore my mother;
I don't want you to be sad anymore, mother.

I now know when my father was young
With an arrogant heart he made the mistake
Of separating us
And harming you.

Don't cry anymore, my mother
I don't want you to be sad anymore, mother.

I am finally a grown-up
I found you at last
From now on
we will always be together
and my father will be the one who repents,
sadly asking you for forgiveness.

IPAY SEQEQ

Ipay Reneymi pisqa wawayuq karqa. Huk warmicha, tawa qarichakuna ima. Paypa qosanmi guardia civil Castrovirreyna Markapi karqa. Wankawillkaqa aswan hatun llaqta karqa chay markapi. Chayman huk peliculata apamurqaku. Chay cinema huk kutillata sapa watapi peliculata qawachiq tukuy markapi qhawanaykupaq. Ipay Reneymi anchata munarqa wawachankunawan chay peliculata rikuyta. Ipayqa qosanpa sapa bolsillokunata yanqa maskakachasqa. Mana ima qolqetapas tarisqachu, nitaq makinpi mana ima qolqenpas kasqachu, aswanqa wawankuna mikhuchillananpaq kasqa. Chaysi ipayqa ancha llakisqa tarikurqa, mana imatapas ruwayta atispan. Hukmanta qosanpa p'achanta maskasqa sapa wayaqachakunata maskaykuspa, "Ichapas qolqeta tariruyman," nispa. Chaypiñataq huk wayaqachapi tarirusqa pisqa chunka soles billeteta, ichaqa chawpimanta llikisqa karqa.

Ipayqa sumaq seqeyta yachasqa. Imaymana warmi p'achata ruwaq, seqespa siraspa ima. Yachay wasipiraq tukuy p'acha seqeytapas siraytapas yachasqa. Hinaspas sumaqta qhawapayaspa anchata yuyarispa umanchakusqa chay billete tupachisqa laqananpaq. Chaytaqsi kikitanpuni tuparachispa ancha kusisqallaña billeteta qhawapayasqa. Hinaspa wawankunamanpas qhawachisqa. Chaytaqsi ipayqa wawankunawan cinemaman kusisqallaña rirqaku. Chayman chayaspanku ipayqa punkupi llanqaq runaman chay billeteta qoykurqa. Chay runaqa mana imatapas nispa iskay chunka pisqayuq solista kutichirqa! Ipayqa ancha kusisqa chaskikurqa upallalla. Sonqonpi "Hanaqpachapi wiraqochaman taytachaman añay," nispan.

Llapallanku kusisqallaña peliculata qhawarqaku. Wasiman kutispanku huk hatun CocaCola botellata rantispa aparqaku, ipayñataq sumaq mikhunata wayk'urqa.

Ipayqa sapa kuti ayllunkunawan huñunakuspa apuyakuspa chay willayta willakun llapallanman.

MI TÍA LA ARTISTA

Mi tía René tenía cinco hijos: una hijita y cuatro varonci-
tos. Su esposo trabajaba como guardia civil en la provincia
de Castrovirreyna. Huancavelica era el gran condado de esa
región. Allí traían una película para toda la provincia. Una
vez al año había una película para que todos los poblanos
la vieran. Mi tía René quería mucho ver la película con sus
niñitos. Mi tía buscaba en cada bolsillo de mi tío, pero no
encontró dinero, y ella sólo tenía apenas para alimentar a
sus hijos. Entonces mi tía se encontró muy triste porque
no podía hacer nada. De nuevo ella comenzó a buscar en
la ropa de su marido y en todos sus bolsas, diciendo "ojalá
pudiera encontrar algún dinero". Por fin encontró en una
bolsa un billete de cincuenta soles, pero estaba roto, ¡isola-
mente había la mitad!

Mi tía sabía dibujar muy bonito. Ella hacía el trabajo de cos-
er y diseñar toda la ropa de las mujeres. Mi tía aprendió en
la escuela todo sobre ese trabajo de diseñar y coser ropa.
Luego ella estudió el billete con mucha atención, lo mira-
ba detalladamente, lo dibujó exactamente tal como era y
lo pegó perfectamente. Entonces juntó las partes y ella se
alegró mucho viendo el billete. A los niños también se lo
mostró. Después mi tía fue al cine con sus niños, todos muy
felices. Al llegar allí, ella dio el billete al casillero. El hombre
no dijo nada. ¡Pero le devolvió veinte cinco soles de cambio!
La tía muy feliz los recibió en silencio. En el corazón decía,
"Doy gracias a Dios en el cielo".

Muy felices todos juntos vieron la película. Regresando a

la casa compraron una botella grande de Coca-Cola y se la llevaron a la casa, y la tía cocinó una comida deliciosa.

La tía, cada vez que se reúne toda la familia, cuenta muy orgullosa su hazaña a todos.

MY AUNT THE ARTIST

My aunt René had five children, one girl and four boys. Her husband worked in the Civil Guard in the province of Castrovirreyna. Huacavelica was the largest county in that region, and there was only one theater for the whole province. Once a year they showed a movie for the entire populace to see. My aunt René really wanted to take her kids to the movie. She looked in every one of my uncle's pockets, but she didn't find any money beyond what they needed to feed their children. So my aunt was disappointed because there was nothing she could do. She went through her husband's clothing again, saying, "If only I could find some money!" Finally she found a bill for fifty *soles*, but it was ripped in half!

My aunt knew how to draw really well. She had learned in school how to sew and design women's clothing. So she studied the half of the 50 soles bill with all her powers of observation, looking at it in detail, and then copied the other half exactly as it was and fit the two pieces together. She attached them and looked at the bill contentedly. She showed it to the children too. Then they all went to the theater, all very excited. Upon arriving, my aunt gave the bill to the cashier. He didn't say anything—but he gave her back twenty-five soles in change! She pocketed the change in silence, saying in her heart, "Thank you, Lord in Heaven!"

They all went into the theater and enjoyed the movie together. On the way home they bought a big bottle of Coca-Cola, and my aunt made a delicious dinner.

Every time the family gets together my aunt tells that story with immense pride.

ASDRUBALMANTAWAN HATUNKARAY KUCHIKUNAMANTAWAN WILLAKUY

Asdrubalmi sutiyuq Asdru khuyasqayku ayllupa allqochanmi karan; ñoqayku Chincheros llaqtapi Apurimac suyupi tiyaraniku. Taytaymi sutinchasqa allqochaykuta Asdrubal wayna kasparayku ñawinchasqa aska willakuykunata pukllaykachaq allqochamanta willariq. Chaymi allqoqa Asdrubal sutiyuqsi, chaymi taytay allqochaykuta chayllatapuni sutincharan. Asdruqa ancha pukllaykachaq allqocha karan. Allintan huk kuti yuyakuni iskay yuraq hatunkaray kuchinkunamanta.

Chincheros llaqtaykupi huk samarina wasilla karan. Mama Lola chay wasiyoqmi karan. Mama Lola iskay hatunkaray kuchikunata Wamangamanta apamusqa. Chaykunata wirayachiran sumaq aycha kankatapas chicharrontapas ruwananpaq puqllay raymipaq.

Huk kuti Asdruqa riran chay kuchikuna watukuq. Mama Lola waqaycharan samarina wasin sispa kaq kanchapi kuchinkunata. Allin mikhunata qaran wirayachinanpaq. Llapan runakuna utirayaranku sumaq hatunkaray yuraq kuchikunata qawaspa. Chaynam Asdruchapas kuchikunataqa qawaran, ichaqa llakikuspa ukunman niran "Ancha wirasapan kanku. Mana allinchu, onqonkunmanmi. Phawachiyman tulluyanankupaq." Chayta ukunman nispa, kanchapa punkunta kichaykuspa kuchikunataqa lloqsichiran kusilla phawanankupaq.

Hinaptin kinsantin uywakuna llapan kikllupi phawakuran pukllaspa. Kuchikuna ñawpaqpi phawachkaran, Asdru

[45]

qepapi qatichkaptin. Mama Lola, mana kuchinta kancha-pi tarispa, Asdrupa qatiykachasqankuta qawarun. Hatun kaspita hapispa, Lolapas pawaran, llaqtamasinkunata qa-yaspa "Yanapawaychis chay Asdruchata wañuchinaypaq!" qaparispa.

Tawa orastam Mama Lolawan llaqtamasinkunawan hinan-tin uywakunata qatiykacharanku. Ichaqa manam aypay-ta atirankuchu. Ancha sayk'usqa kaspanku kuchikunaqa kanchankuman kutiranku samananpaq. Asdruchañataq wayawpa sikinpi sirikusqa samananpaq. Kusisqa kasharan kuchikuna phawachisqanmanta. Aska orasmantaña Mama Lolapas wistuspa sayk'usqa samarina wasiman kutiran. Wayaypi kaq bancopi tiyaykuran mana yachaspa Asdrupas chaypi kasqanta.

Mama Lolaqa tumpata puñuriran, chaymanta, ñawinta kichaspaña, kuchinkuna kanchapi puñusqanta rikurun. "Ichaqa maypitaq chay millay allqoy kachkan?" nispa nikuran. Hinaspa musyaran Asdru waqtanpi qasisonqolla kusparayakusqanta. Chayta rikuspanña, kallpata mana kasqanmanta urquruspa, Asdruchata qatiykacharan yapamanta, qaparistin "Sipisqaykiyá!" nispa. Asdruchañataq utkayllaña yachaysapa kaptin, Mama Lola mana hapirunchu. Hukpaqkama, Asdruqa wasiykuman kutimuran mana kirisqa. Antonio caballoykupa waqtanpi siriykuspa, tukuy ima ruwasqanmanta willakuran. Antonioqa tukuyta uyarikuran kusi kusilla.

CUENTO DE ASDRÚBAL Y LOS
CHANCHOS GIGANTES

———————————

Asdrúbal, a quien cariñosamente lo llamábamos Asdru, era nuestro perro cuando vivíamos en Chincheros, un pueblo de Apurímac. El perro de la familia era muy querido. Mi papá lo nombró Asdrúbal porque cuando era joven él leía unos cuentos de un perro travieso llamado Asdrúbal. Asdru tenía muchas aventuras, pero la que más me llamó la atención fue la de los chanchos gigantes y blancos de Doña Lola.

Doña Lola era la dueña del único hotel de Chincheros. Ella había traído dos chanchos grandes de Huamanga con la intención de cebarlos para sacar buenos jamones y chicharrones para la fiesta de carnavales. Los tenía en un corral junto a su casa para cuidarlos y darles buena comida para cebarlos. Todos los que pasaban por allí los admiraban porque eran tan grandes y bonitos de color blanco.

Un día Asdru pasaba por allí y quiso visitarlos. Observándolos, se dijo con pena, "¡Pobrecitos! Están muy gordos. Ser tan gordo no es bueno; pueden enfermarse. Deben hacer ejercicio para bajar de peso." Sin pensarlo dos veces, Asdru abrió las puertas del corral con su hocico para liberarlos y hacerlos correr.

Así comenzaron la gran carrera por todas las calles del pueblo, chanchos adelante y Asdru detrás, arreándolos y jugueteando con ellos. Doña Lola, no viendo los chanchos dentro de su corral, vio a Asdrúbal detrás de los chanchos y salió corriendo armada con un gran palo, pidiendo ayuda a los vecinos, diciendo, "¡Vecinos, por favor ayúdenme a matar a ese Asdrúbal!" Los chanchos corrían jugueteando, escapando del acoso de Asdru.

Doña Lola y la gente corrieron detrás de Asdru durante cuatro horas. Finalmente, los chanchos, cansados, volvieron al corral y se tendieron a descansar. Asdru se acostó debajo de la sombra del sauce cerca del corral, habiendo logrado su meta de hacer que los chanchos perdieran peso. Horas más tarde llegó Doña Lola, cojeando y agotada. Se sentó en un banco debajo del sauce y se quedó dormida, sin darse cuenta de que Asdru también estaba durmiendo allí. Cuando Doña Lola, ya un poco descansada abrió los ojos, vió a sus chanchos dormidos en el corral. "¿Dónde está ese desgraciado perro?" Cuando Doña Lola cayó en cuenta de que Asdru estaba a su lado sacó fuerzas de donde no tenía y nuevamente comenzó a perseguirlo, esta vez jurando que lo mataría. Pero Asdru fue muy rápido y astuto, y ella no logró atraparlo. Por fin, Asdru llegó a su casa sin ningún arañón y se acostó a lado de Antonio, nuestro caballo. Le contó todo lo ocurrido a su amigo, y Antonio escuchaba toda la hazaña muy atentamente.

THE STORY OF ASDRUBAL
AND THE GIANT PIGS

Asdrubal was our family dog when we lived in the town of Chincheros in Apurímac. My father had read many stories about an adventurous dog named Asdrubal, and he gave our dog the same name. Asdru had many adventures—one story I remember well is about Doña Lola's two giant white pigs.

In Chincheros there was only one hotel, which was owned by Doña Lola. Doña Lola had brought the two giant pigs from Huamanga (Ayacucho) to fatten them up and make delicious chicharrones and hams for the carnival festivities. Everyone was amazed at the beautiful, giant, lovely, white pigs.

One day Asdru went to visit Doña Lola's two pigs at the hotel. She kept them in a corral and served them good food in order to fatten them up. Little Asdru marveled at the pigs, but he said to himself sadly, "Being so fat isn't good, they could get sick. I'll make them run around so they will lose weight." He opened the gate of the corral with his snout, letting the pigs out to run free.

And so they began to run through all the streets of the town, the pigs first and Asdru chasing and playing with them. Doña Lola, seeing them run free, seized an enormous stick and began to run and call to her neighbors, "Help me kill that dog, Asdrubal!" Doña Lola and the neighbors chased them around town for four hours, then lost them. Finally, the pigs went back to their corral to rest. Asdru went to sleep in the shade of the willow tree outside the corral, having accomplished his goal of giving the pigs some exercise. Hours later Doña Lola arrived, limping and exhausted. She sat on the bench by the willow tree without realizing that Asdru was also there. Doña Lola fell asleep, and when she opened her eyes, she saw her pigs sleeping in the corral. "But where is that damn loser dog?" she said. Suddenly she realized that Asdru was right at her side. Though exhausted, she found strength to start chasing him again, swearing that this time she would kill him. But Asdru was too fast and clever, and she never caught him. Asdru finally arrived home without any scratches and rested next to Antonio, our horse. He told him all that had happened, and Antonio listened to the whole adventure very intently.

ASDRUBALMANTAWAN MAMA VICTORIAPA KABRANKUNAMANTA WILLAKUY

Ambía ayllupa karqa huk allquchan Asdrubal sutiyuq. Chay allquchaqa chakraykutapas qawarirqan llapan llaqtamasiykunapa chakrankutapas ima. Huk punchawmi llaqtamasiyku Victoriapa kabrankuna yaykuramurqan Ambía chakraman, chaymi chay Asdrusbal allquchaqa manchachirqa kani kanispa. Ichaqa chay k'ullu uma kabrakunaqa mana kuyuyta munarqachu. Chaymi Asdrubalqa pukllaykacharirqa qatiykachaspan kachuykacharispa kabrachakunata. Hinaspa huk kabrachata kirunwan hapirurqa, llampullamanta pukllarinanpaqhinalla. Wakin kabrakunaqa qaparirqaku wañuchisqapashina, mama Victoriañataqsi mancharikuspa hamurqa kabrankuna qawaq. Hamuptinña Asdrubalqa huk kabrachanta siminpi hapirayachkarqa. Mancharqa Asdrubal wañuchinanta, hinaspa huk makinwan kabrachata chutachkarqa, huk makinwanñataq Asdruchata takachkarqa. Asdrubaltaq mana kachariyta munarqachu. Mamaytaq, chaqwata uyarispa qawamurqa, hinaspas paypas mancharirqa Astrubalpa kabracha kanirayachkasqanta qawarispa. Paypas mana yacharqachu Asdrubal pukllachkasqanta. Mancharirqa wañuchinanta. Hinaptin Victoriata yanaparqa kabrachata qechuyta Asdrubalmanta. Asichkarqaniku chayta qawaspa.

Unaymanta mamay Aurelia allqupa siminmanta kabrachata orqorqurqa. Asdruñataq churkispa kabrachapa qaranta aspirqun. Hinaptin mama Victoriaqa kabrachanta marqariykuspa, tukuy millayta allquman qaparirqa. Mamaytaq Asdruta qatiykacharqa qaqchaspa. Chaymanta, mañakun mama Victoria pampachananta Asdru ruwasqanmanta. Chaynallam mama Victoriaqa wasinman kutipurqa kabrachanta hampiykunanpaq.

ASDRÚBAL Y LAS CABRAS
DE VICTORIA

La familia Ambía tenía una mascota llamada Asdrúbal, quien cuidaba todas las propiedades de la familia. Un día se dió cuenta de que las cabras de Victoria, la vecina, habían invadido el huerto de la familia, y por eso trató de espantarlas. Pero las tercas cabras no querían retirarse. Entonces Asdrúbal comenzó a juguetear con ellas persiguiéndolas hasta agarrar a una cabrita pequeña y sostenerla suavemente con sus dientes. Pero las otras cabras gritaban escandalosamente, alarmando a su dueña Victoria, quien por fin salió a ver lo qué pasaba. Vio a Asdrúbal agarrando con sus dientes a una de sus cabritas, sin saber que sólo estaba jugando. Más bien creyó que la iba a matar, por eso trató de quitársela forcejeando, jalando a la cabrita con una mano y espantando al Asdru con la otra. Pero el pequeño Asdrúbal se negaba a soltarla. Mamá al escuchar tanto alboroto vino al huerto y se dió cuenta de que Asdru tenía agarrada a una de las cabritas en sus dientes, tampoco comprendiendo sus intenciones, pensando que de tanto morderla la terminaría matando. Entonces trató de separarlos jalando al Asdru, y Victoria a su vez jalando a la cabrita. Era un cuadro muy cómico.

Por fin mamá logró sacarla de la boca del perro aunque en el forcejeo, Asdru se quedó con un pedazo de pellejo de la cabrita. Victoria se retiró llorando y gritando vulgaridades y fue a curar a la cabrita ensangrentada. Mamá, avergonzada, regañando al perro, le mandó que se fuera a la casa. A Victoria le pidió mil disculpas por la travesura del Asdru. Pero Victoria sin hacerle caso se retiró llevando a la cabrita sangrando para curarla.

ASDRUBAL AND VICTORIA'S GOATS

Asdrubal was the Ambía family dog, whose job was to look after the family's fields. One day, Asdrubal saw that our neighbor Victoria's goats had invaded our fields. Asdrubal tried to scare them off, but the stubborn goats simply would not leave. The goats bleated as if they were being murdered. Mama Victoria, terrified, ran to see what was going on and saw Asdrubal holding a baby goat in his mouth. She didn't know that he was just playing with him. She was afraid he might kill the goat. So she grabbed it, pulling with one hand, and hitting Asdrubal with the other, but still, he wouldn't let go. Mother, hearing so much chaos, came to the garden and saw that Asdru had a goat in his teeth. She didn't know either that he was just playing, instead she was terrified that Asdru might kill the little goat. She joined Mama Victoria in trying to take the goat from Asdrubal. It was a very comic scene.

Finally Aurelia pulled the goat out of Asdrubal's mouth, but with Asdrubal resisting, he tore the skin. Victoria took the little goat in her arms, yelling all kinds of vulgarities to the dog. Mama Aurelia chased the dog, scolding him. Later, she asked Victoria to forgive her for what Asdrubal had done. Finally, Victoria went back to her house with the goat to nurse it back to health.

KUYAKUSQAYKU ASDRU
ALLQOCHAYKUPAQ

Ancha kuyakusqayku Asdruchalláy,
Waqayllam waqachkayku wañukusqaykirayku
Ancha llaqiskam kayku;
Anchata qamwan kusikurayku asikurayku ima.

Khumpayku karanki, waqaychaqniyku pusaqniyku ima;
Aylluyku karanki Antonio caballo khumpaykiwan kuska.

Manaña pipas masukunata manchachinqachu.
Manaña pipas waqaychanqachu khuchichakunata
  wallpachakunata qowikunata ima–
Uturunkukuna, atoqkuna, unchuchukunkuna, qara
  chupakuna ima kay uywakunata apanqaku mana pipas
  manchachiptinku.

Purikusqayki kikllukunapas llakispanku musyasunki
  manaña chaypi puriptiyki.
Llaqtamasikunapas huchachakunqaku qanta mana allinta
  chaninchakuptinkurayku.

Mana paykuna yacharankuchu ancha waqaychasusqaykita
  kuyakusqaykitapas ima. Mana yacharankuchu
  allqokunapa ruwananqa ancha sumaq waqaychasqa
  kuyakusqa runakuna kananpaq.

Huk mana allin llaqtamasipa cheqnikusqan ichaqa
  wañuchisurqanki,
Ichaqa nunaykiqa aylluykuwanmi tiyanqa hanaq pachapi,
Kay pachapinñataq noqaykuwan tiyanki sonqoykupi
  wiñaypaq.

A NUESTRO QUERIDO PERRO ASDRU

Querido Asdru, nos dejaste llorando cuando moriste.
Estamos profundamente entristecidos;
Nos diste tanta felicidad y alegría.

Fuiste nuestro amigo, compañero, guardián, y guía.
Fuiste parte de nuestra familia, junto con tu fiel amigo
El caballo Antonio.

Ya nadie espantará a los murciélagos;
Ya nadie protegerá a los chanchitos, a las gallinitas, ni a los
    cuyes;
Los pumas, los zorros, las comadrejas, y las zarigüeyas se
    llevarán a nuestros animalitos, porque ya nadie los espan-
    tará.

Todos los caminos que recorriste sentirán tu ausencia.
Los vecinos que te juzgaron mal se sentirán culpables.

No sabían que también a ellos los cuidabas y los protegías;
No entendían que lo más importante para un perro
Es defender a los seres humanos y asegurarlos.

El odio que un malvado vecino te tenía quizás te quitó la
    vida,
Pero tu espíritu vive con nuestra querida familia que está
    en el cielo,
Y aquí en la tierra vives en nuestros corazones para siempre.

TO OUR BELOVED DOG ASDRU

Dear Asdru, we cried when you left us
Now we are terribly sad when we remember
how we used to laugh and be happy with you.

You were our friend, our companion, our guardian and
    guide.
You were part of our family, together with your faithful
    friend,
the horse Antonio.

No one will now chase the bats.
No one will now protect the little pigs, chicks, and guinea
    pigs.
The mountain lions, foxes, weasels, and possums
Will now be free to take them away.

Every road you walked will feel your absence.
Neighbors who judged you unfairly will feel remorse.

They didn't know that you loved and protected them;
They didn't understand that what is most important for a
    dog
is to make humans happy and safe.

The hatred of an evil neighbor may have taken your life,
But your spirit will be with our family in heaven,
And here on earth you will be in our hearts forever.

WARMAPA CHIKINA CHIRMAN

Kay willaymi Antonio sutiyuq caballoymanta, tawa watayuq turay Jaimemanta, soqta watayuq ñañay Aguimanta, isqon watayuq ñoqamanta ima. Chiraw-pacha suma sumaq punchaypi Chincherospi. Chay punchaymi Antonio ancha sayk'usqa karan choqllokunata chakramanta Wayqomanta wasiykuman apamusqan rayku. Chaymi mamayqa Antoniota wayk'uman pusanayta munaran. Chaypi sumaq qorakunata mikhunanpaq. Imaynampin mamay sapallayta kachawayta munaran ñoqa warmachallaraq kachkaptiy...?

Mana mamayta imatapas nispa, ñañay Aguita, turay Jaimeta ima apayta munarani. Ichaqa chayta yachaspaqa mamayqa niwanman karan "Amapuni apaychu ñañaturaykikunata." Chaymi mana mamaytaqa imatapas niranichu. Llikllata churarani Antoniopa wasanman. Chaymanta Jaimeta Aguita nirani "Hamuychik rumipa patanman chaymanta Antoniopa qhepanman pitankichik." Hatun rumiman chayaspa chaypi Antonio Aguita nirani rumipataman seqananpaq. Chaymanta "Antoniopa wasanman pitay" nirani. Chaymanta Jaimeta markarani rumipatamanta Aguipa ñawpaqninman chaypi tiyananpaq. "Qhasilla!" Antoniota nirani. Chaymanta ñoqa rumimanta seqarani Antoniopa wasanman. Kinsayku sumaqchata tiyaspaykuña nirani "Risun, Antonio!"

Agui ancha kusisqa karan asikuspa Jaimepa qhepanpi payta markakuspan tiyaran. Noqañataq huk makiwan caballota hapirani wasqanmanta huknin makiwan Jaimeta aguantarani. Chayman kinsayku kusisqallaña riraniku Antoniopa wasanpi. Manaraq manamosiaspayku orqomanña chayarusqayku. Chaypiñataq Antonioqa sayarusqa osqayllaña.

Chaymanta manamosiaspa kimsayku Antoniopa pañanman urmarurayku. Sichus ñoqayku urmaykuman karan Antoniopa lloqenman ichaqa wañukuykuman karan. Chaypim qaqa karan Waykumanpunim urmaruykuman karan.

Antonioqa taytaykuhina sayaran noqaykuta hawapayawaspan qasilla hatarinaykupaq. Ichaqa ñañaturaypa tulluchankuna ima pakiruran, sayachispay hapipayarani tulluchankuta. Allin paykuna kaptinku chaymantapacha puriraniku Antoniopa ñawpaqninpi. "Manaña wasanpiñachu" ñoqa nirani ukuyman. Chaynallam puriraniku wayqoman chayanaykukama. Chaypi Antoniota kachaykurani watunmanta kusisqa kananpaq allin mikhunanpaq.

Kay punchawkunapiqa, manam allinchu sapallan wawakuna purinanpaq. Mana allin awkasonqo runakuna kan maypipas. Ñawpaq pachakunapi Apurimacpi kawsayninchikqa sumaqmi karan, llapan runakuna wawanchikunataqa qhawaranku ayllunkuhinata.

TRAVESURA PELIGROSA
DE UNA NIÑA

Este cuento es acerca de mi caballo Antonio, de mi hermano Jaime de cuatro años, de mi hermana Agui de seis años, y de mí, de nueve años. Era un día de primavera maravilloso en Chincheros. Ese día Antonio estaba agotado por haber trabajado mucho cargando los choclos a la casa en Wayqo. Mi mamá quería que lleváramos al caballo hasta Wayqo. Allí había muchos vegetales para que comiera. ¿Por qué mamá quería que yo, siendo tan niña, llevara al caballo...?

Sin decir nada a mi mamá, quise llevar a mi hermana Agui y a mi hermano Jaime. Quizás si mi mamá hubiera sabido, me hubiera dicho, "No vayas a llevar a tus hermanitos". Por eso no dije nada a mi mamá. Puse una manta al lomo de Antonio. Después dije a Jaime y Agui, "Suban a la piedra y salten al lomo de Antonio". Después, llegando a la piedra grande, dije a Agui que subiera a la piedra. Luego dije, "Salta al lomo de Antonio". Después cargué a Jaime sobre la piedra y de ahí al lomo de Antonio, delante de Agui, para que ahí se sentara. "Quieto", dije a Antonio. Subí a la piedra y salté al lomo de Antonio. Ya sentados nosotros tres cómodamente dije, "Vamos, Antonio."

Agui estaba muy feliz sonriendo detrás de Jaime, abrazándolo. Y yo con una mano aguantaba a Jaime y con la otra agarraba la soga del caballo. Nosotros tres muy felices íbamos en el lomo de Antonio. No me di cuenta de que habíamos subido ya la cuesta. Cuando llegó a la cumbre, Antonio paró de repente. Nosotros tres caímos a la derecha de Antonio. Si hubiéramos caído a la izquierda quizás hubiéramos muerto. Porque de este lado estaba el abismo que llegaba hasta la carretera.

Antonio se quedó muy quieto como si fuese nuestro padre cuidándonos hasta que nos levantaramos. Haciéndoles parar a mis hermanitos los revisé, por si tenían algunos golpes o huesos rotos. Como ellos estaban muy bien entonces seguimos nuestro camino delante de Antonio. "Ya no en la espalda de Antonio", pensaba yo. Continuamos hasta llegar a nuestra finca, llamada Wayqo. Allí liberé a Antonio de su soga y él comenzó a comer su pasto feliz.

En estos días, nuestros hijos no están seguros cuando están solos; por todas partes hay personas malas y peligrosas. En el pasado, en Chincheros, la vida era más segura. Toda la comunidad cuidaba a los hijos como si fueran miembros de su propia familia.

A GIRL'S PERILOUS JOURNEY

This is a story about my family's horse Antonio, my four-year-old brother Jaime, my six-year-old sister Agui and my nine-year-old self. It was a wonderful sunny spring day in Chincheros. Antonio was very tired because he had worked in the field hauling corn to the house. My mother wanted us to take the horse to our farm, called Wayqo, where there were a lot of green things for him to graze on. But why would my mother want me, being as young as I was, to take the horse by myself?

Without saying anything to my mamá, I wanted to bring my sister Agui and my brother Jaime. If I had asked, she probably would have told me, "Don't bring your little siblings." That's why I didn't say anything; I just put the blanket on Antonio's back. Then I said to Jaime and Agui, "Climb onto the rock and jump onto Antonio's back." Then, arriving at a large rock, I told Agui to climb up, and I said, "Jump up on Antonio's back." Then I lifted Jaime from the rock and put him onto Antonio's back to sit in front of Agui. "Easy does it!" I said to Antonio. I climbed the rock and from there jumped onto Antonio's back. Once the three of us were all comfortably seated, I said "Let's go, Antonio!"

My sister Agui was delighted, smiling and hugging Jaime from behind. With one hand I supported Jaime and with the other I held onto the horse's halter. We rode along happily on Antonio's back and I didn't realize that we had already climbed to the top of the hill. When we reached the summit, Antonio abruptly stopped, and all three of us fell off, to the right of Antonio. If we had fallen to the left, we might have died—because on the left side there was a steep drop to the road.

Antonio stood as if he were our father watching over us until we got up. My siblings could have gotten hurt, so I checked their bruises to see if they had any broken bones. Seeing that they were fine, we kept on traveling with Antonio behind us. "We are not riding on Antonio's back any more," I thought to myself. And so we kept on traveling until we arrived at our family farm, called Wayqo. There I took off Antonio's halter and he started to graze happily.

Nowadays our children are not safe by themselves, because there is danger everywhere you turn. But back then, in Chincheros, life was safer, and everyone looked out for children as if they were their own family.

ALLIN KAWSAYTA MUNASPA
LLAQTAYKUTA SAQERQANIYKU

Manaña aylluykupaq qolqe kaptin,
manaña allin kusi kawsayniyku kaptin,
manaña yachayniykupas wiñaptin,
Llakikuspayku, kuyasqayku Chincheros llaqtaykumanta
   lloqsimuraniku.

Huk hatun llaqtaman riraniku,
"Ichapas chaypi allin kawsayta tariramunchikman" nispa.

Mosqoynillapiña Chincherostaqa qhawarani.

Achka watakunamanta kutispa, maskharani
Ñawpaqpi saqesqay sumaq wasichaykuta,
Erqe puñuna pititaykuta, pukllasqaykupi hatun marayniy-
   kuta
Tiyakusqay rumiytapas manaña imatapas tariraniñachu.

Chay miski duraznuta, chay miski manzanatapas
mikhuyta munarani manañataq tariraniñachu
manañataq imapas saqesqayhinañachu kasqa.

Wasiykupas pampayarusqaña manaña pipas chaypi tiyaptin
sumaq sauce, retama sachakunapas wañuparisqankuña
manaña pipas wasiykupi tiyaptin.

Ichaqa huchuy armakusqay paqchichata tariramuyman
Chaypi yapamanta armakuyta munarani
Manataq atiranichu, huk khumpaywan kaspay.

"Ichapas kutimuspayña armakusaq" nispa sonqollaypi
   nikurani.

DEJAMOS NUESTRO PUEBLO EN BÚSQUEDA DE UNA VIDA MEJOR

Puesto que ya no había dinero para mi familia
Puesto que ya no éramos felices
Puesto que no podíamos seguir educándonos
con mucha pena salimos de nuestro querido Chincheros.

Fuimos a un pueblo más grande,
Pensando, "Tal vez allí encontraremos una vida mejor".
Ya sólo en mis sueños veía a Chincheros.

Al volver muchos años después busqué
A nuestra casita linda que habíamos dejado en el pasado,
Nuestro cuarto de dormir, nuestro batán donde jugábamos,
La piedra donde me sentaba; pero ya no los encontré.

Aquellos duraznos dulces, aquellas manzanas dulces
Quería comerlos, pero ya no los encontré
Pero nada estaba tal como lo había dejado.

Nuestra casa ya había desaparecido puesto que ya nadie la
    habitaba
Ya no estaban ni los sauces ni las retamas
Ya que nadie vivía allí.

Pero encontré la pequeña cascada en la que solía bañarme
Quise bañarme allí de nuevo
Pero no pude hacerlo por estar con una amiga.

Pensé entre mí, "Quizás podré hacerlo en otro momento,
    volviendo aquí".

WE LEFT OUR TOWN LOOKING
FOR A BETTER LIFE

———————————

Since my family no longer had any money,
Since we were no longer happy,
Since we couldn't continue going to school,
With heavy hearts, we left our beloved Chincheros
And went to a big city
Thinking, "Perhaps there we could find a better life".

From then on, only in my dreams did I see Chincheros.

Upon returning many years later,
I looked for our beloved little house that we had left in the
  past,
Our childhood bedroom, the millstone where we would
  play,
The stone where I would sit,
But I found nothing.

Those sweet peaches, those sweet apples
I craved to eat, but I didn't find anything
Because nothing was the way I left it.

My house was gone because no one had been living there.
There were no longer any willow trees or forsythias
Since no one lived there anymore.

But I found the small waterfall where I used to bathe.
I wanted to bathe there again,
But I was not able to do it, since I was with a friend.

And I thought to myself, "Perhaps, if I ever come back,
I'll have another chance."

TIGRESA WASIYKUMAN CHAYAMUN

Elva Ambía and Virginia Jimenez

Huk chiri chiri tutamanta inti kancharichkaptin, 2012 watapi, muyayman lluqsirqani. Sachakunamanta mana kallpayuq qapariyta uyarirqani. Maskaykuspa, huk huchuy misichata tarirqani. Ichapas huk killallayoq karan. Chiripi katatachkarqa, mikunata mañakustin. Kasqanpacha misichata hapiykuspa, wasiy ukuman apamurqani quñichinaypaq qawaykunaypaq ima. China kasqanta yacharqani. Ñuqñuta pukupi qaraykurqani, hinaspa puñunachata ruwaykapurqani. Puñuchanta waykuna pititaypi churaykurqani, qawana kayllapi, inti qoñichinanpaq. Ñuqñuta yapaykuptiy, misichaqa utqaylla upyarirqun.

Kimsa tawa punchawta misichata waqaycharqani. Akana wasichata apapamurqani. Misicha puñullan. Warmi waway Vicky chayamuspa, misichata asuykurqa. Qawaspaña chay-pachallan maywarqun. Tigresa sutichaykurqa, huchuy tigre-hina rikukuptin. Pisi punchaw pasaptin misichaqa aychata mikurirqa, manaraq chaki mikhunata. Pisi pisimantataq, chaki mikunatapas mikurirqa. Utqaylla yachakuwanku.

Pisi killamantaqa, Tigresapa wirayasqanta qawarqani. Punkisqa wiksanmanta llakikuptin, uywa hampiqta tapuykurqani. Payqa niwarqan michita qawaykunaypaq iskay simanakunata. Wiksanqa hatunyallarqan. Ichapas chiru karqa, nikurqani. Manchakurqani kuruyuq kananta. Huchuyllachusmi chichu kaspa. Pisi killamanta, Tigresa wirayachkarqaraq. Chaymi chichu kasqantapuni yacharqani. Astawan mikhuchkarqa, ichaqa manaña ñuqñuta upyarqañachu. Wiksanqa hatunyachkarqaraq.

Killakunamanta, Tigresa manaña kamaykusqay puñunanpi puñuyta munarqañachu. Pukukunata maqchichkanaykama, Tigresa puñuna pititayman pawarqun. Mana yachaspa imarayku chayta ruwasqanta, misita qatirqani. Puñunaypi chutarayachkaqta tarirqani. Hapiykuspa, payta yanunaman apapurqani, hinaspa ñuñunanman misichata churaykurqani. Kasqanpacha huqmanta phawaruspa puñunayman siqarqa. Huqmanta yanunapi kaq puñunaman aparqani. Kinsa kaq kutitaq, llallichikuspa uyakurqani puñunayman rinanpaq. Wachana puñunanta tarisqayá.

Hinaptin warmi willkay Michaelata waqyarqani, chaypi kachkaptin. Minkarirqani kay kusi wachay qawaykunanpaq. Paywan ñuqawan utirayaspa misipa wachachkasqanta qhawarqaniku. Huk misichapa paqarisqanta qhawarqaniku, hinaqtin Tigresapa maqchisqanta, llaqwarayaspa chuya kanankama. Hinaspa parista mikurqa. Huk hukmanta wakin paqarirqaku ñuqayku qhawaptiyku. Iskaynin Tigresahina karqaku, iskayninñataq huqniraqmi karqaku, yuraqyana kaspa. Ichapas kaykuna taytankuhina karqaku, yuraqyana urqu misi kayman riq kaqtin. Puñunaymanta qatata urquspa, Tigresapa puñunanpi churaykurqani yanunapi. Chaypi mama misi uñantin qipakurqaku.

Mana llapa misikunata waqaychayta atiranikuchu, chaymi warmi waway Vickyqa mosoq ayllukunata paykunapaq maskaykurqa. Sapankapaqpuni wasita maskarqa. Hinaptin kaypim misichakuna wiñarqaku. Hatunmi kaspanku, mamankumanta ripurqaku.

Misichakuna ripusqanmanta, mama Tigresa sapallan kaptin, payta aparqaniku uywa hampina wasiman Sunset Parkpi, mana yapamanta wachananpaq. Qanchis urata tutamantapi chayarqaniku. Hinaspapas, qiparisqa karqayku. Askhallaña runakuna hawapi suyachkarqaña. Chayrayku wasiman kutirqaniku. Hamuq simana, nikurqaniku, tutachallamanta hatarisaqku, nispa, manataq chayta ruwarqaykuchu. Sapa simana hinallataq chayllatam nikurqaniku. Huk tutachallamantataq, pisqa uratam, Tigresa uywa hampina wasita haykurqapuni. Unay ura suyasqaykumanta, Tigresaykuta chaskirqaniku. Wasiman apaykurqaniku puñuqtaraq. Hinaspa, punchawkunamanta, Tigresa kawsarirqa. Misichankunata maskarirqa, ichaqa manaña karqankuchu.

Vickyqa misita wawachakurqa, payta uywaspa hinallataq mikuchispa. Killakunamanta, mosoq wasimasiy, Joe sutiyoq, hamurqa. Machupaya Wasipi riqsirqurqaniku. Joe wasita maskasharqa. Wasiyman huñukurquspaña, Tigresawanraq maywarqun, michi munaq kaspa. Joewan Vickywan tiyaspa, misicha chaqllipas kusipas kachkan. Sapa kuti pipas wasiman hamuspa, Tigresaykuwan maywan. Hampisqanmanta, manaña chichu kayta atinchu, hinaspa wayllusqawan chaqllisqawan wasintin puriykachan.

LA LLEGADA DE TIGRESA A NUESTRA CASA

Elva Ambía y Virginia Jimenez

Un día muy frío pero soleado de invierno, del año 2012, salí al jardín muy temprano por la mañana. Escuché un maullido muy débil, de dentro de los arbustos. Busqué de dónde salía ese maullido, y por fin encontré a un gatito pequeñito que me pareció tener un mes de nacido. Tiritaba de frío, y pedía comida. Inmediatamente lo traje dentro de la habitación para abrigarlo y revisarlo. Me di cuenta de que era una hembra. Le di leche en un platito, y le acomodé una camita en una caja. La puse debajo del armario para plantas, por la ventana, donde el sol calentaba muy sabroso. Le di leche otra vez y la tomó rápidamente y se animó más.

La mantuve por unos días. Le conseguí un recipiente de plástico para su expulsado. Se quedó dormidita. Cuando mi hija Vicky llegó, se acercó a la gatita e inmediatamente se encariñó con ella y la bautizó "Tigresa", porque parecia una tigresa diminutiva. En unos días comía alimento sólido, pero no alimento seco todavía. Poco a poco comió también el alimento seco y se adaptó a nosotros rápidamente.

Pasaron algunos meses y vi que la Tigresa estaba engordando. Preocupada porque a ella le crecía la pancita, consulté a un médico. Me dijo que la observara unas semanas, si seguía creciendo su pancita, posiblemente estuviera preñada. Yo temía que pudiera tener parásitos. Me pareció demasiado pequeña para estar preñada. Pasaron algunos meses y Tigresa siguió engordando, entonces ya me di cuenta de que estaba embarazada. Y claro, comía más y dejó de tomar leche, y comía alimento sólido y mojado. Su pancita siguió creciendo.

Después de algunos meses, Tigresa ya no quería dormir en la cama que le había preparado debajo del armario en la cocina, y mientras yo lavaba los trastes, Tigresa pasó corriendo hacia mi dormitorio. No sabía para qué era, y le seguí, y la encontré sobre mi cama. La cargué y la volví a poner en su cama. Dos minutos más tarde, nuevamente corrió y se subió a mi cama. La volví a cargar a su cama, pero la tercera vez me rendí y la dejé sobre mi cama. Ella había encontrado su lecho de parto.

Entonces llamé a mi nieta Michaela que estaba presente también y la invité a observar este feliz acontecimiento. Ella y yo observamos todo el proceso con mucha admiración. Vimos cómo un gatito nacía, cómo Tigresa los limpiaba, lamiéndolos hasta que quedaran limpios, y al final ella se comió la placenta. Nacieron uno trás otro en nuestra misma presencia. Dos eran como la Tigresa, y dos eran diferentes, blanco con negro. Pensamos que esos dos gatitos eran como su padre, un gato blanco yconnegro que solía venir por acá. Después saqué el cubrecama de mi cama y lo puse en la suya de la cocina, y así se quedó con sus bebés.

Mi hija Vicky se ocupó de encontrar casa para los gatitos, porque no podíamos guardarlos a todos, y ella encontró casa para cada uno. Y así crecieron los gatitos hasta que tuvieron una edad para irse de su mamá.

Cuando ya no estaban los gatitos, y la madre estaba sola, la llevamos a un veterinario en Sunset Park para que no se quedara embarazada otra vez. Llegamos a las siete y ya era tarde—ya había una cola de un bloque, por eso tuvimos que regresar. Nos dijimos que cada semana no leventaríamos en la mudrugada para ir; finalmente, a las cinco de la mañana,

Tigresa entró en el Hospital de gatitos. Después de muchas horas de espera, pudimos recoger a la Tigresa. Volvimos a la casa (ella medio dormida todavía) y por fin la Tigresa se reanimó después de algunos días. Buscaba a sus gatitos, pero ya no estaban.

Vicky se apoderó de la gatita, la cuidaba y le daba su comida. Después de algunos meses llegó mi nuevo inquilino Joe. Nos habíamos conocido en el centro de adultos mayores, y él buscaba un departamento. Lo primero que hizo Joe fue encariñarse con la Tigresa (porque él es un adulón con la gatita). Entre Joe y Vicky la gata es mimada y feliz, y cada vez que alguien visita la casa se enamora de nuestra Tigresa. Como ya está curada, no puede quedar embarazada otra vez; ella pasea por la casa muy querida y muy engreída.

HOW TIGRESA CAME
TO OUR HOUSE

Elva Ambía and Virginia Jimenez

One cold, sunny winter day in 2012, quite early in the morning, I went out to the backyard garden of my house in Brooklyn. I heard a faint meow coming from the bushes. After looking around, I discovered a small kitten. It seemed to be only about a month old. It was shivering with cold and asking for food. I immediately brought it inside to warm it up and look it over. It was a little female. I gave her a saucer of milk and made up a bed for her from a box. I put her next to the plants by the window where the sun would warm her up nice and cozy. I gave her more milk and she lapped it up quickly and became more lively.

I kept her for a few days and got her a litter box. She slept most of the time. When my daughter Vicky arrived, she took a look and immediately fell in love. She named her Tigresa because she looked like a little tiger. In a few days Tigresa started eating solid food, but no dry food yet. Little by little, she started to eat dry food, too, and quickly got used to us.

After a few months I saw that she was gaining weight. I was worried because her belly was growing, so I brought her to the vet. He told me to watch her for a few weeks, and if her belly continued to grow, she might be pregnant. I was afraid she might have worms. She seemed too small to be pregnant. A few months passed and Tigresa kept getting bigger, so I knew she must be pregnant. Sure enough, she started eating more – both wet and dry food – and stopped drinking milk. Her belly continued to grow.

After a few months Tigresa no longer wanted to sleep in the bed I had made for her in the kitchen. One day she ran to my bedroom. I followed her and found her on my bed. I picked her up and carried her back to her bed in the kitchen. Two minutes later she ran back to my bedroom and hopped onto my bed. I brought her back to her own bed, but after three times I gave up. She had found her childbirth bed.

I called my granddaughter Michaela, who was there at the time, and invited her to watch the event. We observed the whole process with wonder. We saw how a kitten was born, how Tigresa washed it, licking it until it was clean, and finally she ate the placenta. She gave birth to one after another right before our eyes. Two were like Tigresa, and two were different, black and white. We guessed that the black and white ones were like their father, a black and white cat who would sometimes come around here. I took off the bedspread and put it in Tigresa's bed in the kitchen, where she stayed with her babies.

My daughter Vicky started looking for homes for the kittens because we couldn't keep them all, and she found families for every single one. They grew until they were big enough to leave their mom.

When the kittens were gone and the mother was alone, we took Tigresa to a vet in the Sunset Park neighborhood so that she wouldn't end up pregnant again. We arrived at seven in the morning, but there was already a line going around the block, so we went back home. We told ourselves that the following week we would get up at dawn. Finally, one morning at five o'clock, Tigresa entered the animal hospital. After waiting several hours we were able to see Tigresa again; we took her home half asleep. After a few days she recovered. She looked for her kittens, but they weren't there.

Vicky adopted the cat, taking care of her and feeding her. A few months later, my new housemate Joe moved in. We had met at the senior center, and he'd been looking for an apartment. The first thing Joe did was fall in love with Tigresa, since he is a cat lover. Between Joe and Vicky the cat is happy and spoiled, and every time someone visits, they fall in love with Tigresa. Now that she has been to the vet, she can't get pregnant again; she struts through the house beloved and proud.

PART TWO

Wakin kumpakunapa Andesmanta rimanku
Otras voces de los Andes
Other Voices from the Andes

WAKCHA YACHANA WASILLAY

Jorge Ortiz Dueñas

Ñawpaq llaqtaypa wakcha yachana wasilláy,
Chayna mawka rikukuspa
Manachu ñoqata yuyawankiñachu?
Ñuqa chay chukuyuq overol nisqayuq ima erqecha kani.
Wasiykiman hamurani
Huk oqe punchawpi ayriway killapi.

Tukurunñam chay pachakunaqa
Wasiymanta lloqsisqay qellqana pataraywan
Seqena pataraywan trompoywan ima.

Yuyanim yachachiqkuna maqawasqanta senqasapa
    kumpaypa kurkun seqesqayta. (Mawka yachana
    wasichalláy, maypitaq chay hanparapi wakaychasqay
    qelqanay pataraykuna?)

Wakcha yachana wasilláy, pitaq yuraq puka perqaykipi
    ruwasurqanki
Chay yana k'irikunata?
Chay pukllana kanchaykipi manaña waytakunapas
    wiñanñachu
Manañan pipas maypas pukllanñachu.
Yanayuraq wayanaykunallañam chaypi tiyanku drin...
    drinninta takikuspa.
Qanra apaychakchakunallañam lachiwankunata
    waqaychasqaku chaypi.
Wakcha yachana wasilláy, mana takiypi qamta
    qonqaptiyqa,
ama qampas qonqawaychu.

POBRE ESCUELA

Jorge Ortiz Dueñas

Pobre escuela de mi pueblo
Así vieja carcomida
¿No te acuerdas ya de mí?
Soy el niño que de gorra y overol
A ti vine una tarde medio ploma de un abril.

Ya se fueron esos tiempos
Que salía de mi casa con cuaderno,
Con mi trompo y un cartón.

¡Cuántas veces me cayeron palmetazos!
Porque en horas de lección dibujaba las siluetas
de mi amigo narigón. (Pobre escuela,
¿qué se han hecho de mis cuadernos,
mi pupitre donde puse yo mis libros?)

Pobre escuela, en la piel rosalvina
de tus muros, ¿quién ha abierto llagas negras?
De ese patio sin recreo
Hoy sin plantas sin jardín
Sólo quedan blanquinegras golondrinas
Musitando su drin...drin.....
Las avispas bandoleras han guardado su panal
Pobre escuela, si mi canto no te olvida
No te olvides tú de mí.

POOR SCHOOLHOUSE

Jorge Ortiz Dueñas

Poor schoolhouse of my village,
So old and worn down,
Do you even remember me?
I am that child in hat and overalls
Who came to you one gray and rainy April afternoon.

Those days are long gone
When I left my house with my notebook
And my drawing paper and my spinning top.

How often the teachers would abuse me!
Because she caught me drawing
A portrait of my classmate with the big nose.
(Poor schoolhouse, where are my notebooks
And the desk I used to store them in?)

Poor little schoolhouse, who opened the dark cracks
In the skin of your rose-colored walls?
In the playground that now has no flowers, no games,
There are only black and white swallows
Singing their *drin drin*...
and mischievous wasps guarding their hives.
Poor schoolhouse, if I don't forget you in my song,
You must not forget me either.

MANA YACHANICHU

José Santos Chocano

Tayta sumaq wasiykipa punkunmanta
Qhawariq, tapuykusqayki,
¿Upyanayawaptin yakuyki kanchu?
¿Chiriwaptin qatayki kanchu?
¿Yarqawaptin muru sarayki kanchu?
¿Puñunayawaptin ima kuchuchapas kanchu?
¿Karu puriptin samana kanchu?
¡Mana yachanichu, wiraqocha!

Tayta, sasa saykusqallaña llankasqanki
Chay huk runaq allpanta,
¿Manachu yachanki chay allpa qampamá kasqanta
yawarniyki humpiyniykirayku?
¿Manachu yachanki supay suwakuna
unay pachaña qichurqususqaykita?
¿Manachu yachanki qam kikiykimá allpayuq kasqaykita?
¡Mana yachanichu, wiraqocha!

Upallayasqa urkuyoq tayta,
Mana kanchaq ñawiyoq,
Imaynampi umanchasqaykita waqaychanki
Mana watuchisqa uyaykipi?
Imatam maskanki kawsayniykipi?
Imatam mañakunki Apuykita?
Imatam mosqonki upallalla?
¡Mana yachanichu, wiraqocha!

Ñawpa llaqtamanta runa, mana reqsisqa runa
Mana haykuna sonqoyuq
Kusikuyta mana kusispa qhawanki,
Nanayta mana llakispa qhawanki.
Antihina qollana kanki,
Mama Qochahina, Tayta Intihina!
Llallichikusqa rikukuspapas,
Mana imapas qokusunki.
Mana chiqnikuspa hatun sonqoyoq kanki.

Yawarniykim kan kurkuypi
Chayta yachaspa Aputaytay tapuwaptinqa
Mayqen munayman, cruzta utaq ahus kaspita, kichkata
    utaq waytata,
Munaymanmi muchaywan nanayniyta wañuchiyta,
Ichaqa qayaq yakuwan tukuchiyman takiyta,
Kutichiyman allillamanta iskayllallaspa,
¡Manam yachanichu, Taytay!

¡QUIÉN SABE!

José Santos Chocano

Indio que asomas a la puerta
de esa tu rústica mansión,
¿para mi sed no tienes agua?
¿para mi frío, cobertor?
¿parco maíz para mi hambre?
¿para mi sueño, mal rincón?
¿breve quietud para mi andanza?...
¡Quién sabe, señor!

Indio que labras con fatiga
tierras que de otro dueño son:
¿Ignoras tú que deben tuyas
ser, por tu sangre y tu sudor?
¿Ignoras tú qué audaz codicia,
siglos atrás, te las quitó?
¿Ignoras tú que eres el amo?
¡Quién sabe, señor!

Indio de frente taciturna
y de pupilas sin fulgor,
¿qué pensamiento es el que escondes
en tu enigmática expresión?
¿Qué es lo que buscas en tu vida?
¿Qué es lo que imploras a tu Dios?
¿Qué es lo que sueña tu silencio?
¡Quién sabe, señor!

¡Oh raza antigua y misteriosa
de impenetrable corazón,
y que sin gozar ves la alegría
y sin sufrir ves el dolor;
eres augusto como el Ande,
el Grande Océano y el Sol!
Ese tu gesto, que parece
como de vil resignación,
es de una sabia indiferencia
y de un orgullo sin rencor.

Corre en mis venas sangre tuya,
y, por tal sangre, si mi Dios
me interrogase qué prefiero,
cruz o laurel, espina o flor,
beso que apague mis suspiros,
o hiel que colme mi canción,
le respondería dudando:
¡Quién sabe, Señor!

WHO KNOWS?

José Santos Chocano

You there, sir—looking out
From the doorway of your simple home,
Can you quench my thirst with water?
For my shivering body, can you offer a blanket?
To satisfy my hunger, a little meal?
So I can sleep, a quiet corner?
Some rest for my restless wandering?
My lord, who knows!

Sir, you have exhausted yourself
Working lands possessed by other men,
Don't you realize that by your sweat
Those lands by right belong to you?
Don't you know that by outright greed
Long ago those lands were stolen from your people?
That you are the rightful owner of these lands?
My lord, who knows!

Sir, lost in thought,
Your eyes have lost their spark.
What thoughts are hidden
In your flat gaze?
What life are you searching for?
What are you asking the gods for?
What dreams lie behind your silence?
My lord, who knows!

O mysterious and ancient race!
Your hearts are impenetrable:
You perceive happiness without feeling joy,
And pain without suffering.
You are as majestic as the Andes,
Deep as the ocean and the sun,
This gesture of yours,
Which seems one of pure capitulation,
Is a studied indifference
And pride without resentment.

Your blood runs in my veins
And, acknowledging my ancestry,
If my Lord were to ask me what I prefer,
Cross or laurel, thorn or flower,
A kiss that would quiet my sighs,
Or bile that takes over my song,
I would respond to him doubtfully,
Oh lord, who knows!

PUKLLAYKACHAQ KILLA

Oscar A. Novillo Torrico

———————————

Huk tuta huk huchuy erqecha allqochankunawan pawan
wasinta muyupayaspa. Anchata warararanku hawapi. Tayta
qawarinamanta rikuyta munan wawachanpa pukllasqanta,
asisqanta, pawasqanta ima, "Iman chay?" nispa, pawan
qawanaman. Chaypi qawan wawachanta. Killa pakakuptin
wawachaqa allqochankunapas qasilla suyaranku. Hanaq
pachata   qawan   killa   puyumanta   lloqsimunankama,
yapamanta   kanchi-kanchirispa   killaqa   kutimun.
Chaypiñataq allqokuna kani-kaninku utiq hina, pawanku
erqechata qatipayaspa.

Huk kutiñataq erqechaqa makichanta hanayman churaspa
pitan. Allqokunapas muyunku, puqllanku, pitanku kani-
kaniykuspa. Taytan wasimanta lloqsimuptin, erqechaman
asuykun. Erqechataq kusisqallaña killata rikuchin.

"Taytáy, rikuy! Killaqa qatipayawachkan" nispa.

Tayta tapun "Imarayku killa qatipayasunkiri?" nispa.

Asispa kutichin, "Ñoqawan pukllaytam munan" nispa.
"Kumuptiy, paypas kumun; hatariptiy, paypas hanaq
pachaman rin, manam hapichikuyta munaspa." Huk puyu
ukhupim killa pakakun.

"Imanaptintaq killa qamwan puqllayta munanri?" taytan
erqechanta tapun.

Killam rawrarispa qawachikun, erqechañataq kusisqa nin
"Ñoqapas killawanmi puqllayta munaptiy."

[93]

LA LUNA JUGUETONA

Oscar A. Novillo Torrico

Una noche, una pequeña niña y sus perritos corrían dando vueltas por su casa. Hacían tanta bulla afuera que su papá fue a la ventana para ver qué pasaba. Y vio a su hijita jugar, reír y correr. "¿Qué es eso?" dice, corriendo para mirar. Cuando la luna se ocultaba la niña se quedaba quieta y sus perritos también. Miraba al cielo y esperaba hasta que la luna saliera de las nubes y volviera a alumbrar. Entonces los perros ladraban como locos y persiguiendo a la niña otra vez volvían a correr.

En otros momentos la chiquita levantaba sus manitas hacia el cielo y saltaba. Los perros por su lado volteaban jugando, brincaban, y ladraban más. El papá salió al patio y se acercó a la niña que muy alegre la luna le mostró.

"Papi, mira cómo me persigue la luna!"

Su papá le preguntó, "¿Y por qué te persigue la luna?"

La niña sonriendo le respondió, "Porque quiere jugar conmigo. Cuando me agacho, baja; si me levanto, se escapa al cielo, y no se deja atrapar." La luna tras otra nube se ocultó.

El papá muy curioso preguntó, "¿Y por qué quiere jugar contigo la luna?"

La luna brillante apareció, y la chiquilina muy alegre le contó, "Porque yo también quiero jugar con la luna."

THE PLAYFUL MOON

Oscar A. Novillo Torrico

One evening, a young girl was running around outside the house with her little dogs. They were all making so much noise that the girl's father looked out the window to see his little daughter playing, laughing, and running. Hurrying outside to check on his child, he said, "What is going on?" The moon was hidden, silent, and the girl was looking at the sky with her little dogs, waiting for it to appear. She looked up and waited for the moon to emerge from behind a cloud. Once again, the moon began to sparkle as it appeared. Then the dogs started barking like crazy and ran around after the child.

At times, the girl would raise her hands, point to the sky, and jump up and down. The dogs did somersaults, playing, jumping, and barking. As the father exited onto the patio and approached his daughter, she pointed to the moon with delight.

"Daddy, look, the moon is following me around!"

"Why is the moon following you?" he asked.

"She wants to play with me", she said, laughing. "Look: when I bend down, the moon bends toward me, and when I stand up, she rises up, so I can't catch her." The moon then disappeared behind a cloud.

"And why does the moon want to play with you?" her father asked.

The shining moon reappeared, and the little child said happily, "Because I want to play with the moon too."

CIPIÓNWAN BERGANZAWAN RIMANAKUNKU

Leonard Nalencz

Huk kutis yana michichaqa Cipión sutiyuq kasqa, sispa wawqenñataq puma Berganza sutiyoq kasqa. Huk p'unchawsi iskayninku tinkusqaku. Sachaq sikinpi rimarinankupaq tiyaykusqaku.

Cipiónqa nisqa: Allillanchu wawqéy Berganza? Kusichiwanki, hinallataq mancharichiwanki ima puma kaspayki. Qantaq kallpasapa, sillusapa ima kanki. Utqayllataña phawanki. Imatapas ruwayta atinki. Noqañataq huch'uy, puñuysiki, q'ella ima kani.

Berganza nisqa: Khumpáy, yawarmasilláy Cipión, iama manchakuwaychu! Cheqaqchapuni ñoqa kallpayuqmi kani, riki. Hatun silluy kapuwanmi. Ichaqa mana hayk'aqpas awqaykichu kayman. Pampachaway! Wiñaypaq amachasayki! Khumpaypuni kaptiyki!

Cipión: Añaychayki, Berganzalláy. Manaña manchakuykichu. Kawsayniykimanta yachayta munayman, khumpáy. Imaynallan?

Berganza: Ñoqaqa sach'a sach'api tiyani, hap'iq purikuni. Haqaypi wisk'achata, qowita, tarukata ima maskhani. Tutapi mosqollani uywa hap'iymanta!!

Cipión: Kawsayniykutaq manan hinachu! Mana hayk'aqpas sach'a sach'api hap'iq riykuchu. Sapa p'unchaw, madraq hatariqtiy, runa mamayqa sumaq

mikhunata wayk'un, runa taytaytaq qarawan. Tutapi
purikuyta manchakuni. Huk kuti, michi wawqechaywan
qochaman pukllaq rirani. Qonqaylla, ruqyata uyarirayku.
Sonqoyqa khatatataqtin ukhuymanta lloqsiyta munaran,
chukchaypas sayariran. Chaymanta, huch'uy k'ayrachata
rikurayku. Takikamullasharanmá! Huk k'ayrachalla kasqa!
Manchachiwasharanku!

Berganza: Wawqecháy Cipión, teqsimuyuntinpi
purikuspaymi kusikuni. Wasi ukhupiqa mana kawsayta
atinichu: wiñaypaq pacha purikuyta, khumpaykunawan
hap'ispa purikuyta munani. Runa mamaykiqa qanpaq
wayk'upun! Runa taytaykiqa qarasunki! Manan runachu
manapas erqechu kanki! Kikiykiman mikhuchikuy!

Cipión: Manan pisillañamanta rimakushanchischu.
Kawsaymanta hatunruku imakunata hamut'ashanchis:
ñoqaqa munay munaylla aylluyta yanapani, qanñataq
puriykachaspa chakunki. Kawsayniyqa atiyllan,
kawsaykiñataq sasan. Mayqen kawsaymi aswan allin?

Berganza: Allintan tapuykunki! Rimanakusun: mayqen
kawsaymi aswan allin? Wawqéy, kawsayniyqa aswan allinmi,
nini. Ñoqaqa mana hayk'aqpas runamanta mañakunichu:
munasqaytapas aypani kikiymi.

Cipión: Iskayninchismi samiyoq kanchis. Wakin uywa runa
ayllupi tiyayta munanku, Berganzáy. Wakinñataq hawapin
tiyayta munanku.

Berganza: Askha uywa qanhina runa ayllunkunawansi
tiyanku, Cipión. Iskayninchis samiyoqmi kawsanchis.

Cipión: Cheqaqtayá, Berganzalláy. Ichaqa niykullaway:
Mamaykitaq qanwan tiyanchu?

Berganza: Manan. Pay unay pachaña wañupuran.

Cipión: Taytaykirí?

Berganza: Paypas unay pachañas wañupusqa.

Cipión: Khuyasqay runa taytamamaywan tiyani. Munasqay michi wawqeywanpas. Sumaqmi rikukun kawsayniy, manachu?

Berganza: Huk wawqellayuq karqani, manaña payta watukunichu. (Upalla unaymanta hamut'aspa, nisqa): Sumaqsumaqmi kawsayniykichis. Qankunawan tiyayta atiymanchu?

Cipión: Riki, wawqéy! Llamp'u puñunanchis sumaq mikhunanchis ima kapuwachis.

Berganza: Tupananchiskama, munasqay sach'a sach'a! Ñoqa qasilla kawsayta wawqey Cipiónwan ayllunwan ima munani. Haku wawqéy, wasinchisman ripusunchis!

LA CHARLA DE CIPIÓN Y BERGANZA

Leonard Nalencz

Un día se encontraron dos primos: un gatito negro llamado Cipión y un puma de nombre Berganza. Al pie de un árbol los dos parientes se sentaron para platicar.

Cipión dijo: ¿Cómo estás, hermanito Berganza? Al verte, me haces feliz; pero al mismo tiempo, confieso que como puma tú me espantas. Eres fuerte, tienes aquellas uñas agudas y corres rapidísimo, ¡puedes hacer cualquier cosa! Yo al contrario soy chiquito, dormilón y medio vago.

Berganza: Mi amigo y pariente Cipión, ¡no te espantes! Es verdad que soy fuerte y dotado de garras, pero jamás sería tu enemigo. ¡Perdóname! Yo siempre te protegeré. ¡Eres mi primo!

Cipión: Te agradezco, Berganza mío. Ya no voy a tener miedo de ti. Pero yo quisiera saber más de tu vida mi amigo, ¿qué me cuentas?

Berganza: Yo vivo contentísimo en el bosque. Allí busco vizcachas, cuyes, y venados. Me encanta ir de caza, ¡hasta sueño con cazar!

Cipión: ¡Qué diferentes son nuestras vidas! Nosotros no cazamos en el bosque nunca. Cada día, mientras duermo, mi mamá adoptiva cocina una comida deliciosa, y su marido me la sirve. ¡Tengo miedo de salir a caminar de noche! Una vez yo salí para jugar en el campo con un amiguito. De repente escuchamos un ruido: mi corazón corría y mis rodillas tiritaban. Entonces, vimos una ranita, y la escuchamos cantando. ¡Una pequeña ranita me daba miedo!

Berganza: Hermanito Cipión, me encanta pasear por todo el mundo; no puedo quedarme dentro de mi hogar. Siempre quiero andar por la tierra y cazar con mis compañeros. ¡Una señora cocina para ti! ¡Su marido te sirve la comida! ¡Tú no eres ni humano, ni jovencito; caza tu propia comida!

Cipión: No son cosas pequeñas las que estamos platicando: pensamos en cosas grandes de la vida. Yo ayudo a mi familia humana con placer, y tú paseas cazando. Mi vida es fácil, pero tu vida es tenaz. Pregunto: ¿Cuál de estas maneras de vivir es mejor?

Berganza: ¡Buena pregunta! Discutamos: ¿Cuál vida es mejor? Amigo, mi vida es mejor. Yo jamás pediré mi comida de otros: yo sólo soy capaz de mantenerme.

Cipión: Son muy lindas nuestras vidas. Algunas criaturas quieren vivir con seres humanos, mi Berganza. Otras prefieren vivir aparte con sus parientes verdaderos.

Berganza: Muchos animales viven en sus comunidades como tú, Cipión. ¡Ambos tenemos vidas muy buenas!

Cipión: Claro que sí, Berganza. Pero, dime algo, ¿Tu mamá vive contigo?

Berganza: No, hace tiempo que ella murió.

Cipión: ¿Y tu padre?

Berganza: Él también murió hace tiempo.

Cipión: Yo vivo mimado por dos personas. Además está mi querido hermano gatito. Esta vida parece linda, ¿que no?

Berganza: Yo tenía un hermano, pero ya no lo voy a ver. —Piensa un tiempo en silencio, y luego dice—Esa vida me parece muy, muy agradable. ¿Podría yo vivir con ustedes?

Cipión: ¡Por supuesto, hermano! Tu cama estará suave y habrá comida rica allí para ti.

Berganza: ¡Hasta la vista, querida selva! Yo quiero una vida cómoda con mi primo Cipión y su familia. ¡Vamos a nuestra casa, querido amiguito!

CIPIÓN AND BERGANZA HAVE A CHAT

Leonard Nalencz

There was once a little black cat named Cipión whose cousin was a puma named Berganza. One day, the two of them met up, and they stretched out together beneath a tree so they could have a chat.

Cipión began: How are things with you, my friend? I am happy to see you, but at the same time I confess I am a little scared, since you are a puma. You are strong, you have sharp claws, and you are fast too, while I am small, sleepy, and lazy.

Berganza: My cousin Cipión, my little friend, don't be frightened! It is true that I am fast and have these claws, but I will never harm you. Forgive me, please! I will always protect you. You are my dear cousin!

Cipión: Thank you, my Berganza. You don't frighten me anymore. But I would like to hear about your life, my friend! What's new?

Berganza: I live in the forest, and hunt for vizcachas, guinea pigs, or even deer. I love hunting: I even dream at night about roaming through the forest!

Cipión: How different our lives are! I never go hunting in the forest. Every day, while I am still asleep, the sweet lady who adopted me cooks delicious food, and her husband brings it to me. I would be afraid to go out into the forest at night. One time, my friend and I went into a field to play; suddenly, we heard a roaring sound. My heart was racing and my knees were trembling. Then, we saw a little frog and heard it croaking. A little frog scared me!

Berganza: O, my friend! I like to travel all over the world; I couldn't possibly live my life indoors. I always want to go exploring and hunting with my friends. A woman cooks for you! Her husband serves you dinner! You are not a human, or a child. You should feed yourself!

Cipión: These are not inconsequential things we are discussing here; these are important aspects of our lives. I do things for my family with pleasure, and you wander all over the place and go hunting. My life is easy, and yours is tough. I wonder: Which of our ways of life is preferable?

Berganza: An excellent question! We should consider whose life is to be preferred. My friend, I think it is mine. I would never depend on others for my food. I alone am able to provide for myself.

Cipión: You know, we are both fortunate. Some creatures like to live with humans, Berganza, and some prefer to live just with their own kind.

Berganza: There are many animals who live in human families like you do, Cipión. Both of our lives are blessed!

Cipión: Truly, Berganza. But tell me: does your mother live with you?

Berganza: No, she died quite a while ago.

Cipión: And your father?

Berganza: He too died years ago.

Cipión: I live with two loving humans. I also have my dear brother. My life is pretty good, don't you think?

Berganza: I had a brother, but I don't see him any more. —Thinks silently for a moment, and then says— That life sounds very lovely indeed. Would it be possible for me to come live with you and your family?

Cipión: Of course! You will have a comfy bed and good food with us.

Berganza: Then *adiós* beloved forest! I want a cushy life with my cousin Cipión and his family. Let's get going, my friend!

YUYASQAY FREDY COBOS

Douglas Cooke

Fredy Cobostaqa huk mana qonqanapaq simanapi 2017 watapi reqsirani. Vilcabamba distritopi Fredy imaymana ñawpa Inka k'itikunaman pusawaran. Willkapampa qespinamantaqa askha mayt'ukunapi ñawincharaniña[1]. Wakin mayt'ukunapi Cobos ayllumantapas ñawincharani. Chay aylluqa arqueologo nisqakunata Willkapampata yachayta yanapasqa, hinaspa sut'inchasqaku Willkapampa Inkakunaq qhepa kaq qespinan kasqanta. Chaymi Cobos aylluq ancha reqsisqa samana wasinman, Sixpac Manco sutiyoq, Huancacalle llaqtachapi, rirani.

Sapa p'unchaw hatun qhalillaña mikhuykunaqa karan. Papata, ch'uñuta, choqllota, lawata, insalatata ima qaraykuwaranku. Hinallataq papayamanta achupallamanta apinqoyamanta misk'i unuta ruwaykapuwaranku. Huk p'unchaw nirani "Mana hayk'aqpas tarwichu mallirani," nispa. Pisi p'unchawllaman, sumaq tarwi uchuta wayk'upuwaranku.

Fredypa taytamaman, hinallataq Dante churinpas, Yashira ususinpas noqaykuwan mikhuranku. Rikurani mamanpa huch'uy tiyanachapi tiyasqanta, q'oncha sikipi. Payta rikuspay, llakipayarani chaypi tiyasqanmanta, noqaykumanta tumpa t'aqasqa, qarallawanankupaq hina. Chaymantataq yacharuni chay ullpu tiyana aswan munasqa

---

1. Lee, Vincent R. *Forgotten Vilcabamba: Final Stronghold of the Incas*. Sixpac Manco Publications, 2002.

MacQuarrie, Kim. *The Last Days of the Incas*. Simon & Schuster, 2007.

Savoy, Gene. *Antisuyo: The Search for the Lost Cities of the Amazon*. Simon & Schuster, 1970.

tiyana kasqanta. Chayman riranku q'oñikunankupaq.

Fredyqa purinaykuta qallariran k'intuta ruwaykuspa. Huancacalle hawanpi kaq moqopi k'intutaqa Pachamamaman hawariykurayku saminchawanankupaq. Hinaspa Witkus pukaraman qhawaq rirayku. 1537 watapis, Manqo Inka kay pukarapi pakakusqa Ispañul runakuna Qosqo llaqta hap'isqankumanta.

Witkusmantaqa, hoq k'itikunata rirayku: Yuraq Rumita, Inka Warak'anata, Inka Wasita, Phiña Qochata, Punkuyoqta, Willkapampata ima rirayku. Punkuyuq orqo sasallaña chayanapaq karan, sallqatapas yunkatapas chimpanayku kaqtin. Punkuyoqmanta kutimuqtiyku, chakiyqa nishuta nanawaran, chaymi Fredypa mamanqa romeroyoq unuta t'impuchiran armakunaypaq, nanayniykunata qechuriwanaypaq.

Fredypa aswan munasqan k'ititaq Phiña Qocha karan. Kay sumaq siwar unuyoq qochaqa orqo patapi, huch'uy llaqtapi Chilliwa sutiyoq tarikun. Noqa p'anramanta seqarani kawalluq wasanpi, Fredyñataq chakillapi atiylla ñawpariran. Qochata chayaspa, Fredy phukuna wamp'uchata phukuran, chaymanta t'uyuspa chawpi qochaman chayachiwaran. Sumaq unu hawapi tuyturayku, pachamamata qhawaykustin. Chaymanta Fredy kawallu manuqniyku runataqa wamp'uman haykurachiran. Hinaspa iskay sipaskunata wamp'uchaman haykuchiran. Paykuna allqochantin llaqtamanta qochakama qatiwasqaku.

Chay tuta Fredy karpata sayarichiran chakra llank'aqpa wasinpa sispallanpi. Fredywan chakra llank'aqwan ninata hap'ichiranku. Ninaq muyuntinpi tiyaykuspa q'oñi waqt'ota upyakurayku. Fredyqa mosqoyninmanta willakuwaranku. Ecoturismo ruwayta munani, nispa niwaranku. Ecoturismoqa llaqta runakunatapas yanapanman, turistakunatapas aswan allinta ruwasqankupi yachachinman. Pura killa kaqtin, Fredyqa "pura" sutita yachachiwaran. Chakra llank'aqtaq hayk'aq tarpunanta yacharan qoyllurkunata tapukullaspa, Inkakuna ñawpa ñawpaqmantaraq ruwasqankuhinalla. Fredywan chakra llank'aqwan rimarayaranku, noqataq karu purisqaymanta, waqt'o upyasqaymanta, puñuruni. Chayraq yuyayniykuna umayta muyuriwaran.

Noqapaq, Willkapampaqa lliwmanta aswan yuyana karan. Chay markachapi, phuyusapa yunkapi, qhepa Inkakunaqa pakakusqaku. Chayanaykupaq Fredyqa allin kallpayoq camionta mañakusqa. Chay camion ima allpatapas chimpayta atiran. Fredypa taytan Benjamín riysiwaranku. Tawa chunka watañas, Benjamínpa allpan kapusqa Willkapampa neqpi. Yunkaq urayninman k'iski ñankunanta rishaqtiyku, askha erqekunata qati qati rikurayku. Yachay wasimanta kutisharanku. Wakin erqekuna camionniykuta haykumuranku. Huk maqt'aqa wasinpi mikhunaykupaq puñunaykupaq ima mink'ariwaranku. Chaymi maqt'aq wasinta rirayku. Taytamamanwan mikhurayku maqt'aqa llant'ata takamushanankama. Chaymanta Fredy iskay karpata pampachapi sayarichiran, huknin noqapaq, hoqnin Fredypaq taytanpaq ima. Chay tutantin supaytan parallaran, ichaqa paqarimuqtin para mana karpaykunata haykumusqachu.

Ima munasqantapas Fredy tariyta atirqon, mana reqsisqan runakunamanta mañakuspa. Kusikurani qhawasqaymanta. Tiyasqaypiqa, hatun llaqtapi, mana imatapas mana reqsisqayku runamanta mañakuykuchu. Willkapampa yunkapiñataq, Fredy mikhuytapas puñuna pampatapas tariyta atiran. Noqaqa aynimanta mayt'ukunallapi ñawinchamurani. Mayt'ukuna willanku ayni ancha chaniyoq kasqanta Anti llaqtakunapi. Kusikurani ayni ruwasqankumanta. Kusikurani Fredywan chay llaqta runakunawan tinkusqankumanta.

Benjamín, Fredypa taytan, tawa chunka wataña Willkapampa saqesqa. Hinaspapas huk sipaswan tupaqtiyku, Benjamín reqsisqantahina qhawaran. Sipasta tapuykuran, "Iman mamaykiq sutinri?" Sipasqa mamanpa sutinta willaran, hinaqtillan Benjamínqa sipasta niran, "Mamaykita reqsirani unay pachaña," nispa. Unay unaymanta Benjamín sipaspa mamanta yuyaran!

Hoq kuti, Benjamín, isqon chunka watayoq kaspa, ch'aran qorapi purikushaspan qonqaylla llusk'aruspa pampaman urmarun. Mancharikurani k'irisqa kananta, ichaqa Benjamín asirillaran, sayarillaran ima, hinaspa puriyta yapamanta qallariran.

Ancha reqsisqa Cobos aylluwan Willkapampata watukuspa, kay yuyayniytaqa sonqoypipunin apakusaq. Kay aylluqa archaeologo nisqakunata pusasqa, Inkakunaq qhepa kaq qespinanta tariysisqa. Cobos sutiqa mayt'ukunapi wiñaypaq kawsanqa.

1537 watapi Manqo Inka, Qosqomanta ayqechisqa, hinaspa Witkusmanta ayqechisqa, hukpaqkama kay yunka qheswachapi aylluntin wallakunantin ima tiyaykusqa. Askha watata Inkakuna pakarayasqaku, hatariyta yuyaykuspa. 1544 watapitaq Ispañul runakuna Willkapampata haykuramuspa Manqo Inkata sipisqaku. Churinkunataq Willkapampapi qhepakusqaku, ichaqa manaña kutipakusqakuñachu. 1572 watapitaq Ispañul runakunaqa hoqmanta Willkapampaman hamuspa Manqo Inkaq chanaku churinta, Tupaq Amaru sutiyoq, hap'irqospa. Qosqoman payta astaspa, Tupaq Amaruta umanasqaku, Qheswa runakuna waqastin qhawashaqtinku.

Chaykunata yuyarayani, saqepusqa qespinanta purikushaspay. Ichapas Fredywan Benjamínwan kaqllataq yuyarayasharanku. Tukuyqa ch'inlla karan. Sonqollaypi k'uchukunamanta rikhurimuq ñawpa nunakunata musyarani. Huk thuñisqa wasi chawpipi hatunllaña mallkiqa sayarayaran, qhapaq kamachiqhina. Ñawpa ñawpa awqanakuy kasqa, Inka wasikunawan mana hark'ana Pachamamawan. Tukukuypiqa, Pachamama llallisqayá. Qora perqakunata qatarayasharan. Mallkikunaqa raqaymanta hatarisharan.

Tukunaypaq, huk qhepa yuyayniyta willakusaykichis. Yunkamanta Huancacalle llaqtaman kutishanaykukama, phaqchaqa ñanta lloqllarusharan. Qhawaspalla iskayarayku. Chimpayta atiykumanchu? Fredyqa polo nisqanta ch'ustirakuspa, camionmanta lloqsirun. Unuta haykuspa, rumikunata t'aqwiran kallpayoq phawsi ukhupi. Wakin rumita kuyuchiran ñanta pampayachinanpaq. Hinaspayá camionta puririchiran, llapaykuqa allinchasqa ñanta rirayku. Qhari qhari sonqoyuq kaspa atiparusqamá!

Mana hayk'aqpas Fredywan puriyniykunata qonqasaqchu. Wiñaypaq Fredytapas aylluntapas chaninchasaq wasinkupi chaskiykuwasqankumanta, historia nisqanta reqsichiwasqankumanta, llaqtankuq usunkunata, allin yachayninkunatapas yachaykachiwasqankumanta. 2020 watapi Fredy Cobos cáncer onqoywan wañupusqa. Kay willakuyta qellqaykuni paypa sutinpi wiñaypaq yuyananchispaq.

MIS RECUERDOS DE FREDY COBOS

Douglas Cooke

Conocí a Fredy Cobos en una semana inolvidable de 2017 cuando él me llevó a varios sitios arqueológicos en Vilcabamba, un distrito en el departamento de Cusco. Yo había leído acerca de Espíritu Pampa en varios libros, y algunos de ellos[1] mencionaban a la familia Cobos, que había ayudado a varios exploradores y arqueológicos encontrar el sitio y establecer que era el último refugio de los Inkas. Así es que vine a hospedarme en el famoso Hostal Sixpac Manco de la familia Cobos en el pueblito de Huancacalle.

Durante los seis días Fredy y yo fuimos a varios sitios arqueológicos de Vilcabamba. Conocí a los padres de Fredy y a sus hijos Dante y Yashira también. Había grandes cenas de comida sana y natural cada día, con papa, chuño, choclo, sopas, y jugos de papaya, piña, y maracuyá. Una vez mencioné que nunca había probado el tarwi, y unos días después me hicieron un gran plato de tarwi rico.

Los padres de Fredy comían con nosotros, y me di cuenta de que la madre solía sentarse en una pequeña silla baja, apartada de la mesa, cerca del horno. Las primeras veces que yo la vi sentada allí, me sentí triste porque parecía estar en un lugar subordinante para servir a otros. Pero después me di cuenta de que esa sillita humilde al lado del horno era

---

1. Lee, Vincent R. *Forgotten Vilcabamba: Final Stronghold of the Incas*. Sixpac Manco Publications, 2002.
MacQuarrie, Kim. *The Last Days of the Incas*. Simon & Schuster, 2007.
Savoy, Gene. *Antisuyo: The Search for the Lost Cities of the Amazon*. Simon & Schuster, 1970.

en realidad la silla más popular de la cocina, donde todos recurrieron para calentarse.

Fredy inició nuestras aventuras con el rito *k'intu*. En un cerro arriba del pueblo de Huancacalle, escogimos tres buenas hojas de coca, y apretándolas entre dedo y pulgar, las levantamos en el aire como ofrenda a Pachamama, la madre naturaleza, para bendecir nuestras andanzas. Luego avanzamos a la cima del cerro para explorar la fortaleza inka Vitcos. En 1537 Manco Inka y su ejército se retiraron allá después de que los españoles se habían apoderado de Cusco.

Después de Vitcos visitamos Yuraq Rumi (La piedra blanca), Inka Warak'ana (Dónde el Inka disparó la honda), Inka Wasi (Casa del Inka), Phiña Qocha (La laguna enojada), Punkuyoq (El lugar de la puerta), y finalmente Espíritu Pampa, cuyo nombre quechua – Willkapampa – le dio al distrito el nombre de Vilcabamba. Después de la muy ardua caminata a Punkuyoq, pasando por selva además de puna, las piernas me dolían mucho, y la madre de Fredy hirvió agua con romero con que me bañe para aliviarme el dolor.

Creo que el lugar que más gustó a Fredy fue Phiña Qocha, una hermosa laguna turquesa encima de un cerro en el pueblito de Chillihua. Torpemente subí el cerro a caballo mientras Fredy avanzó ligeramente a pie. Llegando a la cima Fredy infló una balsa y remó para nosotros sobre la laguna. Después de flotar un rato, Fredy invitó al hombre que nos alquiló su caballo, y él tuvo su turno sobre la laguna. También invitó un par de chicas que nos habían seguido a la laguna desde el pueblo con su perro.

Aquella noche, hicimos un campamento cerca de la chacra de un agricultor. Fredy y el agricultor hicieron una fogata, y nos sentamos tomando licor calentado. Fredy hablaba de sus planes para el ecoturismo de la región, que beneficiaría no solo a las comunidades sino también aumentaría la experiencia de los turistas. Hubo una luna llena aquella noche, y Fredy me dijo que la palabra quechua para luna llena era "pura". El agricultor dijo que aún consultaba las estrellas para determinar cuándo sembrar, así como los inkas hicieron por siglos. Fredy y el agricultor seguían platicando por la noche mientras yo me quedé dormido por el licor y las aventuras del día nadando en mi mente.

Para mí, la parte más memorable de aquel viaje fue Espíritu Pampa, el último refugio de los inkas, escondido en el bosque nuboso. Fredy alquiló un camión poderoso que pudo cruzar cualquier lugar. Benjamín, el padre de Fredy, nos acompañó. Décadas atrás, él había tenido tierra en esa región. Bajando por la selva en senderos estrechos, vimos muchos chicos volviendo de la escuela. Algunos subieron a nuestro camión, y un chico nos invitó a pernoctar a su casa. Cenamos en la cocina de la casa mientras el chico cortaba leña, y luego Fredy preparó dos carpas en un lugar plano afuera de la casa. Llovió mucho por la noche, pero en la mañana estuvimos secos.

Lo que me impresionó más fue cómo Fredy podía solicitar la ayuda que necesitábamos. Donde vivo yo, es raro que pidamos ayuda a desconocidos. Pero Fredy nos consiguió comida para cenar y hasta un lugar plano para nuestras carpas en la selva montañosa. Sentí como si estuviera atestiguando el *ayni* en plena fruición. Yo había leído que ayni, o la reciprocidad, era uno de los valores claves de la cultura andina. Me encantó ver el ayni desarrollarse mientras Fredy formó nuevas amistades.

Hacía cuarenta años que Benjamín, el padre de Fredy, no había ido a Espíritu Pampa. Pero cuando nos topamos con una señorita allí, Benjamín la reconoció. Le preguntó si era pariente de otra mujer que él conocía, y claro, la señora dijo que sí. Después de tantos años, la recordaba.

En otra ocasión, Benjamín, que tenía noventa años, resbaló en la hierba mojada y se cayó. Me dio miedo que se hubiera encontrado lastimado, pero sólo se rió, se puso de pie y siguió caminando. Fue un honor estar en Espíritu Pampa con él y ver el último refugio de los inkas con la familia que había desempeñado un rol en la historia de la excavación del sitio.

En 1537 Manco Inka, ahuyentado de Cusco y luego de Vitcos, finalmente se establecieron en este valle selvático con su familia y sus soldados. Se ocultaron muchos años, planeando una insurrección. Pero en 1544 los españoles invadieron Espíritu Pampa y asesinaron a Manco Inka. Sus hijos se quedaron en la selva, pero ya no resistieron; vivieron en un alto de fuego. En 1572 los españoles volvieron a invadir y capturaron al último Inka, Tupac Amaru I, el hijo menor de Manco Inka. Lo llevaron a Cusco y lo decapitaron mientras el pueblo quechua miraban en lágrimas.

Pensé en estas cosas mientras paseaba por el refugio abandonado en la selva. Tal vez Fredy y Benjamín estaban pensando en estas cosas también. Todo estaba silencioso. Imaginé fantasmas antiguos en cada rincón. Un árbol gigante había surgido en el medio de uno de los edificios derrumbados como un rey poderoso. Deambulé lenta y pensativamente por las ruinas, contemplando la batalla anciana entre las obras potentes de los inkas y la naturaleza inexorable. Al fin, la naturaleza ganó. La hierba cubrió las paredes. Los árboles se alzaron sobre las ruinas.

Un recuerdo más de mi viaje se me ocurre. Cuando estábamos regresando a Huancacalle desde la selva, una catarata estaba desbordando en el camino, y no sabíamos si el camión podía cruzar o no. Fredy se quitó el polo, bajó del camión, pisó por el agua, y movió unas grandes piedras debajo de la corriente poderosa para nivelar el camino para que pudiéramos cruzar. ¡Fue heróico!

Nunca olvidaré mis aventuras en Vilcabamba, y siempre estaré agradecido con Fredy y su familia por recibirme en su casa, compartir conmigo su historia asombrosa, y preservar la cultura y los valores de su pueblo.

Lamentablemente Fredy Cobos falleció tres años después en 2020. Escribo esto para preservar su memoria.

MEMORIES OF FREDY COBOS

Douglas Cooke

I met Fredy Cobos during an unforgettable week 2017 when he took me to various archaeological sites in the Vilcabamba district of Cusco. I had read about Espíritu Pampa in several books, and some of those books[1] mentioned the Cobos family that had helped archaeologists find Espíritu Pampa and determine that it was the final refuge of the Inkas. And so it was that I came to stay in the Cobos' famous hostal, Sixpac Manco, in the little town of Huancacalle.

There were great healthy meals every day, with potatos, chuño (freeze-dried potatos), giant corn, soup, salad, and fresh juices of papaya, pineapple, and passionfruit. One day I mentioned that I had never tried tarwi, an elaborate Andean dish made of bluebonnet beans, and a few days later they made tarwi for me.

Fredy's parents and his kids Dante and Yashira often ate with us. I noticed that the mother usually sat on a low stool next to the stove. The first couple of times I saw her there, I felt bad for her, sitting away from the table, as if waiting to serve others. But eventually I realized that the humble little stool by the stove was actually the most popular seat in the kitchen, where people went to get warm.

---

1. Lee, Vincent R. *Forgotten Vilcabamba: Final Stronghold of the Incas*. Sixpac Manco Publications, 2002.
MacQuarrie, Kim. *The Last Days of the Incas*. Simon & Schuster, 2007
Savoy, Gene. *Antisuyo: The Search for the Lost Cities of the Amazon*. Simon & Schuster, 1970.

Fredy began our adventures with a *k'intu* ritual. On a hill overlooking Huancacalle, we each selected three fine coca leaves and, holding them between thumb and fingers, we raised them in the air as an offering to Pachamama, or Mother Nature, to bless our journey. We then proceeded to the top of the hill to explore Vitcos, an Inka fortress. In 1537 Manqo Inka and his army had taken refuge there after the Spanish conquered Cusco.

After Vitcos we visited several other sites: Yuraq Rumi (White Rock), Inka Warak'ana (Where the Inka Shot His Slingshot), Inka Wasi (Inka House), Phiña Qocha (Angry Lake), Punkuyoq (The Place with the Door), and finally Willkapampa (Sacred Plain), which the Spanish renamed Espíritu Pampa. After the extremely difficult trek to Punkuyoq, where we hiked through both jungle and highlands, my legs were aching, and Fredy's mother boiled water with rosemary so I could soak my pains away.

I think Fredy's favorite place to visit was Phiña Qocha, a beautiful turquoise lagoon at the top of a hill in the tiny town of Chillihua. I climbed the hill clumsily on horseback as Fredy sped ahead on foot. At the top of the hill Fredy inflated a raft and paddled us out into the lake. After we floated around the lake for a while, the man who rented us the horse took a turn on the raft, and then a couple of girls who had followed us up the hill with their dog also had a turn.

That night we camped outside a farmer's home. Fredy and the farmer lit a fire, and we sat drinking heated moonshine. Fredy told us about his plans for ecotourism that would benefit the communities and also enhance the experience of the tourists. There was a full moon that night, and Fredy told me that the Quechua word for full moon was "pura". The farmer explained how he still used astronomy to determine when to plant which crops, just as the Inkas had done hundreds of years ago. They continued to talk into the night as I dozed off quickly from the moonshine and the day's adventures spinning in my head.

The most memorable part of the trip was Espíritu Pampa, the last refuge of the Inkas, hidden in the cloud forest. Fredy rented a four-wheel-drive truck that seemed capable of crossing any terrain. He also brought along his father, who had owned some land in Espíritu Pampa decades ago. Driving down through narrow jungle paths, we saw many kids walking home from school. We picked up as many as we could, and one of them invited us to stay at his house overnight. We had dinner in the kitchen with the parents while the boy chopped firewood outside, and afterwards Fredy assembled two tents in their yard, one for me, and one for Fredy and Benjamín. It rained fiercely all night, but in the morning we were perfectly dry.

I was impressed by how Fredy was able to get help whenever he needed it. Where I come from, people very rarely ask strangers for help, but Fredy was able to find us dinner and smooth ground for our tents in the hilly jungle. I felt like I was watching *ayni* in action. I had read in books that ayni, or reciprocity, was one of the most important values in Andean culture, and it was gratifying to watch it unfold in real life, and to see Fredy forming new friendships on the spot.

Fredy's father Benjamín had not been to Espíritu Pampa in forty years. But when we met a young woman there, Benjamín seemed to recognize her. He asked her what mother's name was. The young woman told him, and he said, "I used to know your mother." After all those years, he remembered her.

On another occasion Benjamín, who was ninety years old, slipped on the wet grass and fell down. I was afraid he might be hurt, but he just laughed, stood up, and kept walking. It was an honor to visit Espíritu Pampa with him and see the last refuge of the Inkas with a family that had been part of the history of the excavation of the site.

In 1537 Manqo Inka, driven first from Cusco and then from Vitcos, had finally settled in this jungle valley with his family and soldiers. They lay in hiding for several years, planning an insurrection. But in 1544 the Spanish invaded Espíritu Pampa and killed Manqo Inka. His sons remained in Espíritu Pampa in a sort of detente. But in 1572 the Spanish invaded again and captured the last Inka, Manqo Inka's youngest son, Tupaq Amaru I. They brought him to Cusco and beheaded him while the Quechua people watched in tears.

I thought of these things as I wandered around the abandoned refuge in the jungle. Perhaps Fredy and Benjamin were lost in their own thoughts, too. Everything was silent, and I imagined ancient ghosts in every corner. A gigantic tree had grown in the middle of one of the crumbled buildings, looming over the rest like a mighty ruler. I roamed around the ruins slowly and pensively, contemplating the ancient battle between these mighty Inka works and inexorable nature. In the end, nature had won. Grass covered the walls. Trees rose out of the ruins.

One final memorable event: On the way back to Huancalle from the jungle, a waterfall overflowed onto the road, and we weren't sure if we could cross. Fredy took off his shirt, stomped out into the cascade, and moved rocks under the surging water to make the road more level so that the truck could pass. It was heroic! Fredy did it again!

I will never forget our adventures in Vilcabamba, and I will be eternally grateful to Fredy and his family for letting me into their home and their lives, for showing me their amazing history, and for preserving the culture and values of his people. Sadly, Fredy Cobos died of cancer just a few years later in 2020. I write this to preserve his memory.

Fredy demonstrates a mortar and pestle at Vitcos, an Inka fortress near his home in Huancacalle.

MARAÑONMANTA MITUKAMAYUQ WARMI

Mana Sutiyoq

Huk mitukamayuq warmiqa kasqa Marañon mayu patanpi tiyaq. Paysi sumaq riqsisqallaña warmi kasqa, puyñukunata llimpiykusqa sumaq kikin kaqllataña ruwaspa. Chaysi huk puyñuta llimpisqa, challwakuq runata challwana watunwan challwasqanta. Chaytaqsi huk punchaw huk pisqu hatun chala sutiyuq asuykusqa, chaysi challwata apakuyta munasqa, chaysi runakuna kusirikuspa qhawasqaku. Ichaqa mitukamayuq warmiqa mana kusisqachu kasqa, "Aswan allintam ruwasaq" nispa. Mosoq puyñuta ñawpaq ruwasqanmanta aswan sumaq allinta ruwaspa llimpisqa, "Manachá ima pisqupas hamunqañachu," nispa. "Chay challwakuq runaqa aswan rikchakuqmi kanqa," nispa nisqa. "Lliw pisqukunata manchachinqá." Chaysi chay Marañonpi tiyaq mitukamayuq warmiqa puyñu ruwayta qallarisqa, mayu patapi churaykusqa. Chaymanta chayamusqaku kimsa hatun chalakuna. Ñawpaq chayamuq pisquqa mancharikusqa puyñupi challwakuqta qhawarispan, chaysi ripukusqa mancharisqa. Hinallataqsi qatiqnin pisquñataq puyñu aparikuyta munasqa, manataq atisqachu. Chay huk qatiqnin pisquqa sayallasqa qhawarayaspan. Chaytaqsi mitukamayuq warmi Marañonpi tiyaq qipakusqa pisquta qhawarayaspan unay pacha.

LA ALFARERA DE MARAÑÓN

Anónimo

La alfarera, quien vivía al borde de un río en Marañón, era famosa por sus tazones pintados. Un cántaro fue pintado con un pescador lazando un pez. Un día un pájaro martín pescador voló e intentó llevarse el pez. La gente se maravilló. Pero la gran alfarera no estaba contenta. "Haré otra mejor", dijo. E hizo otro tazón como el primero, pero fabricado aún mejor. "Ningún martín pescador vendrá a este tazón", dijo, "¡porque el pescador se ve tan vivo! Asustará a los pájaros". Y la gran alfarera de Marañón puso la obra nueva en la orilla del río. Y llegaron tres martines pescadores. El primero tuvo miedo del pescador en el tazón y se fue volando. El segundo trató de llevarse el pescador pintado con su cantera. Pero el tercer martín pescador se detuvo, mirando y mirando. Y la gran alfarera de Marañón se quedó mucho tiempo observando al pájaro.

THE POTTER OF MARAÑÓN

Anonymous

A potter who lived on the banks of a river in the province of Marañón was famous for her painted vases. One vase depicted a fisherman spearing a fish. One day, a Kingfisher bird flew down and tried to steal that fish. People were amazed. But the great potter of Marañón was not happy. "I will make a better vase," she said. And she made another vase like the first, but painted even better. "No kingfisher will come to this vase," she said, "because the fisherman looks so alive! He will scare the birds." And the great potter of Marañón put the painted vase on the riverbank. And three Kingfishers came. The first was afraid of the fisherman on the vase, and flew away. The second tried to snatch the painted fish. But the third kingfisher stood still, and looked and looked. And the great potter of Marañon just gazed at this bird for a long time.

CH'ISI MAMITAY MUSQUCHAWAN

Eduin Coa Soto

Mamay almaqa sapa kuti musquchawan tataytaq manapuni musquchawayta yachanchu. Ch'isi mamitay watiqmanta musquchawan. Maypichus purishasqayku, paray timpu kasqa, pastupis q'umirlla kasqa, jallp'apis juq'u kasqa, mamaywan apuray-apuraysituta sayaq luma wichayta wicharishasqayku, mamayqa nawpaqiyta ñuqataq qhipanta rishasqani, mamayqa awayupi llasa q'ipi q'ipirisqa ñuqataq jinalla. Q'ipinpiqa jak'u kasqa, trigu jak'uchá, sara jak'uchus, mamayqa mana atispa q'ipishasqa, q'ipiqa manchay jatun llasa q'ipi kasqa. "Yanapasqayki mamay" niqtiyqa, mana imatapis kutichiwanchu ch'inlla usqay usqayta thaskishallanpuni. Wichayta wicharirquytawan juch'uy lumitata wasayurquyku, lumaq wasanpi samarikuyku, llasa q'ipinta q'ipiqarakun mamayqa, samarikuyku, chukurikuyku pastu panpapi. Chay lugarqa ch'in lugar kasqa, q'umir panpa kasqa, pastu panpa, ch'umi panpa, walliman riqch'asqa, manayá uywallapis chay panpapiqa kasqachu. Samaykuytawanqa wakichikushayku purinallaykupaqpuni. Ñawpaqta qhawarini, ñanqa pastu pampaq chawpinta chinkaykushallanpuni, jinaspa karu lumata wasaykushan, manayá luma puntapiraqchu kashasqayku. "Llasaqa á q'ipiykiqa mamay, ñuqañataq q'ipisaq" nispa mamayta nishani, q'ipita q'ipichakuytawan panpaman siriykuspa liqrayman watakushasqani, mana watakuyllatapis atispaqa mamayta: "yanapaykuway mamay!" nishasqani, mamayqa ni arin ni manan, manapis q'ipita q'ipinayta munanmanchujina ch'inlla, qhawashallawasqa. Q'ipiqa manchay llasapuni kasqa, manapuni kuyurichillasqanipischu. Chayllapi riqch'arparini.

Riqch'aytawan puñuy-puñuymanta yuyayniyman chayaspaqa "imaqtintaq mamayqa jinata musquchawanrí?" nispa sunqullaypi tapurikurqani, jinaspa tata-mamayta wañuq tata-mamanku musquchaqtin risakuq kanku jinata kinsa Yayaykuta, kinsa Napaykuyki Mariayta, kinsa Gloriatawan risakurqani.

Bolivia llaqtayman kutispa kay istrañu musquyniyta tatayman willarqani, tatayqa: "Almaq q'ipintaqa mana q'ipiyta atisunmanchu waway, mamaykiqa wañuq almaña, wañuq almaq q'ipintaqa manapunichari q'ipiyta atisunmanchu" niwarqa. Iturayarqanipuni tatay niwasqanwan. "Almaq q'ipinqa llasachus imachus í" nispa t'ukullani?

Qantarí ch'isi pitaq musquchasunki? Maypitaq musquyniykipi purishasqanki? Wichaypichu urapichu, punapichu wallipichu?

ANOCHE SOÑÉ CON MI MAMÁ

Eduin Coa Soto

———————————

El alma de mi madre viene a visitarme en mis sueños seguido, mi padre jamás aparece en mis sueños. Anoche, otra vez soñé a mi madre. Caminábamos en lugares lejanos y desconocidos, era temporada de lluvias, el pasto era verde. Mi madre y yo caminábamos una subida, una loma apinada; ella iba delante y yo la seguía por detrás. Mi madre cargaba un bulto enorme en *awayo* y yo no llevaba nada, iba con las manos libres. En su bulto cargaba harina de trigo o probablemente de maíz. Mi madre cargaba el bulto a duras penas. El bulto era muy grande y pesado. "Mamá, te voy a ayudar", le dije; pero ella no respondió nada, siguió acelerando el paso en silencio. Seguimos subiendo hasta alcanzar la cima de una pequeña loma, para luego descansar detrás de la loma. Mi madre entonces descargó su bulto pesado de su espalda. Descansamos allí, nos sentamos en el verde pasto. El lugar era muy silencioso, parecía un valle húmedo, paraje, tierras vírgenes, parecido al valle, no se veían animales en el paraje. Después de descansar un buen rato nos preparamos para continuar la marcha. Mirando hacia adelante me di cuenta de que el sendero se perdía en medio del paraje para finalmente perderse por medio en una montaña lejana. Me di cuenta entonces que teníamos aún un buen trecho que caminar para alcanzar la cima de la montaña. "Tu bulto es muy pesado, mamá", le dije. Enseguida alisté el bulto, me acomodé en el suelo para amarrármelo a los hombros y cargarlo. No obstante, no logré ni siquiera amarrármelo. Entonces dije a mi madre: "Ayúdame, mamá". Mi madre no decía nada, me miraba con ojos fijos en silencio, como si no quisiera que cargase el bulto. El bulto era extremadamente pesado, no pude ni siquiera moverlo. En ese instante desperté.

Habiendo recuperado plena conciencia del sueño, me pregunté a mi mismo en mi mente: ¿Por qué soñé de esa forma con mi madre? Entonces, como cuando mis padres solían rezar a sus padres cuando aparecían en sus sueños, recé tres padrenuestros, tres avemarías y tres glorias.

Volviendo a mi país Bolivia, conté a mi padre mi extraño sueño. "La carga de las almas no podríamos cargarlas, tu madre ya es un alma, la carga de las almas no podríamos cargarlas de ninguna forma", me dijo. Quedé atónito con lo que me dijo mi padre. Desde entonces me pregunto a mi mismo: "¿La carga que llevan las almas debe ser pesada, no?".

Y, a tí te pregunto: ¿quién apareció en tus sueños?, ¿dónde andabas en tus sueños?, ¿andabas arriba o abajo, en la puna o en los valles?

LAST NIGHT I DREAMT ABOUT MY MOTHER

Eduin Coa Soto

The soul of my mother often appears in my dreams, but my father's never appears in my dreams. Last night I dreamt of my mother again: we were walking in an unknown, faraway place; it was the rainy season, and the grass was green. My mother and I were walking up a hill, and it was a steep climb. She was ahead, and I was following her. My mother was carrying an enormous weight in her shawl, but I wasn't carrying anything—my hands were empty. She was carrying wheat, or maybe corn. She was having a hard time carrying the load, it was so heavy. "I'll help you, Mom," I was saying, but she didn't respond to me, she just kept walking in silence. We kept on climbing until we reached the peak of a small, steep mountain. We rested on the slope, and my mother eased the heavy burden from her back. We sat on the green grass and rested. The place was completely silent. It seemed to be a pleasant valley, fertile land. We couldn't see any animals. After resting for a long time we prepared to continue our journey. Looking ahead, I saw that the path faded into the landscape and finally disappeared into a distant mountain. I realized we had a good long stretch to go to reach the peak of the other mountain. "Your load is really heavy, mom," I told her. I adjusted the pack and lay down on the ground to strap it to my shoulders and carry it, but I couldn't even put it on. I said, "Help me, mom!" My mother didn't say anything, she just stared at me in silence as if didn't want me to carry the load. The pack was extremely heavy, and I couldn't even move it. Just then I woke up.

When I recovered from the dream I asked myself, "Why did I dream about my mother like that?" Then, just as my parents used to pray to their parents when they appeared in their dreams, I recited three Our Fathers, three Hail Marys, and three Glorias.

When I was back in Bolivia I told my father about my strange dream. "We cannot carry the weight of souls. Your mother is a soul now. We cannot carry them in any way." I was astonished by what my father said. Since then I have asked myself, "The load that souls carry must be heavy, no?"

And you? Who appears to you in your dreams? Where do you go in your dreams? Do you walk uphill or down, in the rugged highlands or in the valleys?

PART THREE

by Elva Ambía Rebatta

———————————

Teqsimuyu
El mundo
The World

NANAYNIYTA WILLAYKUSQAYKI

Kay harawitaqa llapan mana allin ruwaqkunapaqpas,
ñakarisqa runakunapaqpas qelqaykunim.

Mamallaykuna, taytallaykuna, llaqtamasillaykuna
Qawarikuwaychik qapariyniyta, uyariykuwaychik
Sonqoypa nanayninta willaykusqayki.

Tukuy llaqtakunapim wasin wasinta purini
Tukuy ñankunapim purini
Kay nanayniyta willaykunaypaq.

Chay awqa sonqo qarikuna,
Chay rumi sonqo qarikuna,
Chay nina qallu qarikuna,

Nanachiwarqankichik, uku ukullayta
    ñakarichiwarqankichik,
Nanayniyta yachaspaña.

Qamkunamanmi willaykunaypaq purichkani.

Ñawiykita sonqoykita ima kichariykuspaykichikña,
Umanchakuwaspaykichikña,
Qamkunapas qaparillankichik ñuqawan kuska.
Amaña pipas, amaña maypipas sonqonchikta
Nanachiwananchikpaq.
Amaña pipas amaña maypipas
Nitaq wawanchikkunatapas nanachinallankupaq ima.

Kuskanchik qapariptinchikqa, llapan runakuna maypipas
    kaspa, uyarikuwasunchikmi.

Chay awqa sonqo qarikuna,
Chay rumi sonqo qarikuna,
Chay nina qallu qarikuna,
Wiñaypaqmi yupaychawasunchikmi.

Paykunaqa kikillankum wanakuspa sonqonta
    nanachikunqaku.
Huchanta yuyarispa, manam qasillachu wañunqakum.

LES CONTARÉ MI DOLOR

Este poema es para todos los que han abusado a otros físicamente, sexualmente, o mentalmente, y para todas las personas que han sufrido los abusos de otros.

Madrecitas, padrecitos, compoblanos queridos:
Mírenme, escuchen mis gritos,
Dejen que les cuente el dolor que siento.

En todos los pueblos, voy caminando, de casa en casa
En todos los caminos voy caminando
Para contar este dolor mío.

Aquellos hombres con corazón hiriente,
Aquellos hombres con corazón de piedra
Aquellos hombres con lengua de fuego

Me hicieron sufrir, me causaron dolor en lo más profundo
    de mi ser
Cuando entendían mi dolor.

Voy caminando para contarles a todos ustedes.

Cuando ya hayan abierto sus ojos y sus corazones,
Y cuando ya me hayan entendido,
Ustedes también gritarán conmigo
Para que ya nadie más, en ningún lugar,
Nos lastime el corazón.

Para que nadie más, en ningún lugar,
Tampoco lastime a nuestros hijos e hijas.

Si todos juntos gritamos, todos en donde sea nos
    escucharán.

Aquellos hombres con corazón hiriente,
Aquellos hombres con corazón de piedra,
Aquellos hombres con lengua de fuego
Nos respetarán para siempre.

Ellos sufrirán de arrepentimiento.
Sus culpas no les permitirán morir en paz.

I WILL RECOUNT MY SUFFERING

This poem is addressed to those who have abused others physically, sexually or emotionally, and to those who have suffered the abuse of others.

Dear mothers, fathers, neighbors,
Listen to me, look at me, as I recount my suffering.
Let me tell you of the pain I feel.

In every town, I walk from house to house
Along every path I walk
I share this pain of mine.

Those hurtful men
those heartless men
those men with venomous tongues

they made me suffer,
they hurt me in the deepest parts of my being.

I walk to share my story with all of you.

Once you have opened your eyes and hearts,
and once you have comprehended my pain,
you too will join in my cry
so that no one, anywhere,
hurts our hearts again.

And so that no one, anywhere,
hurts our children.

If we shout it together,
everyone, wherever they may be,
will listen.

Those hurtful men, those heartless men,
those men with venomous tongues
They will have to respect us then.

They will suffer with remorse.
Their guilt will not let them die in peace.

NAYALLAYMAN

Nayachaqa ancha kuyakusqay willkachaymi,
Kulli, puka, yuraq pukapas aswan munasqan llimpinkunam
　　paypaq.
Pillpintukuna tusukuspa payta muyupakunku
Llimpisapa raprankunata rapapapakunku Naya asiriptin.

Ñoqawan kuska kaptinqa, kawsayniymi allin kusisqa
Llapanku kusirikunku paywan kuska kaspanku.
Waytakunapa miskita qapanku
Pichqokunapas muyupayanku, takispa
Runakunaqa asirikunku, payta qawaspanku
Ima sumaq kasqanta, yana chillu chukchanta qawaspanku.

Ñoqayku puñuniku huk puñunallapi
Ñoqa muskini asnaq chakinta payñataq asnarisqan
　　chakiyta muskin
Kuskayku qorqollaniku
Wasimasikunalla ichapas uyariwanku.

Inkillpi kaspan, Nayaqa allpata aspin.
Rumiwan, yakuwan, qorawan, ruruwan, rapiwan ima
　　chaqrun
Sumaq chupita ruwananpaq
Payqa waqyan churukunata, sisikunata, pichqokunata,
　　pillpintukunata sumaq chupi raymiman hamunankupaq.

Tutayaqpin, Nayaqa kusi kusilla purikun, ñoqa hinalla
Ñoqayku puriniku Park Slopepa kikllunkunapi
Qatuna wasikunapi tukuy ima qawanakunapi
　　rikunaykupaq

Llapan llimpikunata qawakuspa.

Nayaqa anchata munakun pukllana uywakunata
Ukukuchanta munakun, hinantin kayta apakun
Runahina kaptinqa, paywan rimanpas, takinpas.
Ichaqa runakuna sutinta tapuptinku
Payqa sapa kuti mosoq sutita nin.

PARA NAYA

Naya, mi nieta, es el amor de mi vida
Morado, rojo y rosado son sus colores favoritos
Las mariposas bailan a su alrededor
Aletean sus alas multicolores cuando Naya sonríe.

Cuando está conmigo, mi vida está completa
Todos los que la rodean comparten su felicidad
Las flores esparcen sus fragancias
Los pájaros le dan vueltas, cantando.
La gente le sonríe, mirando
su belleza y su brillante pelo negro.

Dormimos en una sola cama
Huelo sus pies olorosos y ella huele los míos
Roncamos nuestros bulliciosos ronquidos en duo
Sólo los vecinos pueden oírnos.

En el jardín, Naya escarba en la tierra
La mezcla con piedras, agua, vegetales, frutas y hojas
para hacer una sopa deliciosa
Invita a los caracoles, hormigas, pájaros y mariposas
A la fiesta de sopa.

A Naya le encanta caminar por la noche, tal como yo.
Caminamos por las calles de Park Slope
para mirar las ventanas de las tiendas.
Miramos las formas y los colores de lo exhibido.

Le gustan más los animales de peluche.
A Naya le gusta su oso, lo lleva por todas partes,

Lo trata como a una persona, habla y canta con él.
Pero cuando la gente lo pide por su nombre
Ella lo cambia cada vez.

TO NAYA

_____

Naya, my granddaughter, is the love of my life
Purple, red, and pink are her favorite colors
Butterflies dance around her
Their multicolored wings flutter when Naya smiles.

When she is with me, my life is complete.
Everything around her shares her happiness.
Flowers spread their special aromas,
Birds surround her, singing,
People smile at her, admiring
her beauty and shining black hair.

We sleep in one bed
I smell her stinky feet and she smells mine
We snore our growling snores in duet
Only the neighbors hear us.

In the garden, Naya scratches at the dirt
She mixes it with rocks, water, vegetables, fruits, and
    leaves
to make a delicious soup
She invites the snails, worms, birds, and butterflies
To a soup party.

Naya loves to walk at night, just like me
We walk on the streets of Park Slope
to look in store windows.
We look at the shapes and colors of the displays.

She likes stuffed animals best.
Naya loves her bear, she takes it everywhere,
She treats it like a person, she talks and sings with it,
But when people ask for its name,
she changes it every time.

TAQRUSQA MUNAYNIYKUNA

Imaynam kay munayniykunaqa?
Manam yachanichu.
Chirispa kani hinallataq rapachkani ima.
Imaynam kay munayniykunaqa?
Manam yachanichu.
Upallasqa kani hinallataq qaparichkani.
Imaynam kay munayniykunaqa?
Manam yachanichu.
Llapan runakuna muyupayawanku
Hinallataq sapallay rikukuni.

EMOCIÓNES CONFLICTIVAS

———————

¿Qué clase de emociones son éstas?
No lo sé.
Tengo frío, y a la vez calor.
¿Qué clase de emociones son éstas?
No lo sé.
Por más que esté callada, estoy gritando.
¿Qué clase de sentimientos son éstos?
No lo sé.
Mientras que todo el mundo me rodea,
me siento sola.

FEELING CONFLICTED

What type of feelings are these?
I don't understand.
I'm cold, yet I am burning.
What type of feelings are these?
I don't understand.
I am silent, yet I am screaming.
What type of feelings are these?
I don't understand.
While people surround me,
I am alone.

MUNAKUYPAQ HARAWI

Munakuyqa ancha sumaq, chuya, sonqo kusichikuqmi,
ima runapas qoykuyta munaptinqa.
Ichaqa uyan kanchu? Ichaqa kurkun kanchu?
Manan, munakuypa mana kurkuyoq kallpam kaptin:
Sonqohina, nunallapa ñawinwanmi rikukun.

Nunaqa munakuyta mana kurkuyoqta rikun, mana
    uyayoqta,
mana pachayoqta imam.
Sonqosapa runakalla kaptin rikunman kuyaytaqa,
Kichasqa sonqon Chaskiykunman kuyaytaqa atiqkunalla
munakuyta chaskiykunqaku.

Mayninpi munakuyqa pakakun utaq chinkaykun
huchapipas, penqaypipas
piñay ukupi, cheqniy ukupi
willapakuypipas, manchakuypipas ima.
Kay yuyaykunaqa qanrachallanmi
Harkaspa munakuypa allin purinanpaq.

Mayninpi munakuyqa apuyaspa ñawsayanmi
Chikikuyqa munakuyta harkan
Sonqonchis upallanankama.

Munakuqqa llapa perqakunatapas pakinmanmi
Pachamamapa kusisqa kananpaq.

CANTO AL AMOR

El amor es el más puro y noble sentimiento
que una persona puede dar a otra.
¿Tiene acaso rostro?, ¿tiene acaso forma?
No, porque el amor es esencia, es energía:
como si el corazón pudiera verlo con los ojos
del alma.

El alma ve al amor sin forma, sin rostro, sin vestidura.
Solamente personas de gran corazón pueden amar;
solamente personas de corazón abierto pueden recibir el
    amor.

El amor a veces se esconde o se sumerge
En las profundidades de los sentimientos negativos,
En las culpas, en las vergüenzas,
En los prejuicios y en los temores.
Estos sentimientos empañan
El flujo de la energía positiva que es el amor.

El amor a veces se ciega detrás de la vanidad y el orgullo
Se entorpece por las envidias y los egoísmos;
Hasta los latidos del corazón se paralizan.

El que ama puede romper todas las barreras
Para un mundo feliz.

THE SONG OF LOVE

Love is the purest, most noble feeling
that a person can give to another.
Does it have a face? Perhaps it has a form?
No, because love is essence, it is energy.
It is as if the heart looks with the eyes of the soul.

The soul looks at love without form,
without face, without clothing.
Only those with generous hearts can love;
Only those who have open hearts can welcome love.

Sometimes love is hidden or submerged
In the depths of negative feelings
In the blame, in the shame,
In the prejudices and the fears.
These feelings impede
The positive energy flow that is love.

Love is sometimes blinded by vanity and pride
Hindered by envy and ego
Until our hearts grow silent.

A loving person can break down walls
and bring happiness to the world.

QAYNA TUTA MOSQOYNIY

Mosqoyniypiqa yapamanta taytayta qawarani.
Mosqoyniypi warmaraq kaqta qawarani.
Wiñaypaqmi kawsanqa.
Huchuychallan karan.
Sipusqa mosoq paqarisqa wawachahina.
Tullullaña karan.
Ñawsachallaña karan.
Ñawin lloqsimuchkaran
Mana sapiyoq kaspa.
Umanmanta lloqsirimuchkaran
Ukuman kutiripuchkaran.
Kuyuchichkarani lloq'eman pañamanpas marqakuspa.
Mana rikuyta atiranchu.
Mana muchuchkaranchu,
Mana nanayniytapas musyaranchu.
"Ñawpaykullay, ñanniykipi purikullay.
Qamwan wiñaypaq kuska kasaq.
Amapuni manchakuychu,
Qamwan kasaq wiñaypaq" pay niwaran.

MI SUEÑO DE ANOCHE

En mi sueño volví a ver a mi padre.
En mi sueño él era un niño otra vez.
Estaba vivo; estará siempre vivo.
En mi sueño era muy pequeño.
Estaba arrugadito como un recién nacido.
Él estaba muy flaquito
Y también estaba ciego.
Sus ojos no tenían raíz:
Salían de su cara
Y volvían a su lugar.
Yo lo tenía y lo mecía en mis brazos.
Él no podía ver;
Él no sufría y tampoco sentía mi dolor.
"Adelante, sigue nomás tu camino.
Yo siempre estaré contigo.
No tengas miedo,
Siempre estaré a tu lado", me decía.

LAST NIGHT'S DREAM

In my dream, I saw my father again
In my dream, I saw him as a child.
He was alive, as he always will be.
He was very small in my dream:
He was wrinkled, like a newborn baby;
He was very skinny,
And he could not see:
His eyes had no roots—
They were bulging out
And returning back to their place.
I was holding him in my arms and rocking him;
He could not see,
He was not suffering or feeling my pain.
"Onward, ahead, just go forward,"
"I will always be with you.
Don't be afraid, ever,
I will always be with you," he said to me.

YAKU YAKUCHA, MISKI YAKUCHA

Hanay hanaypim, qasa qasapim,
urqupa patachallanpi, puyupa chawpichallanpi
suma sumaq yakuchaqa quchachapi tiyan.

Ritiyasqa kaspa, yuraq rumihinam rikukun.
Inti lluqsimuptinmi, para paramuptinmi,
chay sumaq yakuchaqa suturispa quchapi huñukuspa.

Sumaq riti chullurispa ñanchakunata kichaykun,
puririspa sukachakunata aspin, yarqachakunata paqarichin,
yakuchamanta hatariq puyuchakunata ruwaspa.

Wikuñachapas, tarukachapas, pisqochapas
kay yakuchataqa upyakunkum kawsanankupaq.
Hanaypi wikuñitascháy, tarukitascháy,
pichqa pukyupi yakulla upyaq,
ñoqallaytapas chay miski yakuchaykita upyaykachiway.
Icha qamhina kuyasqapas kayman,
icha qamhina wayllusqapas kayman.

Para parachawan, riti ritiwanmi,
achka yakucha wiñarin.
Pukyuchakunapas tuqyarimun,
quchachakunapas paqarimun,
mayuchakunapas puririmun.
Suma sumaq yakuchawanqa runakunapas, qorakunapas,
tukuy sachakunapas kusirikunmi.
Allin allpaqa nuyukuptin,
uywakunapas, wawakunapas kawsarinmi.

Mana chay suma sumaq, miski miski yakucha kaptinqa,
manapunim kawsayninchikpas kanmanchu.
Chaymi sapa kutilla raymita ruwasunchik
waqra pukuwan, tinyawan, qinawan,
sampuñawan, tarkawan ima.
Yarqa aspina kaptinpas,
yakupa sutinpi raymita ruwasunchik,
llamkaspa kusisqa kananchikpaq.
Chaynatam chuya chuyallata suma sumaqllata
miski yakunchikta kawsachisun,
miski ununchikta kawsachisun.

AGUA AGÜITA, DULCE AGUA

En las alturas, al borde de los cerros nevados,
En medio de las nubes, vive en una laguna la hermosa
   agüita.

Al ser hielo se ve como una piedra blanca cristalina.
Cuando el sol sale y cuando está lloviendo,
ese hermoso hielito va juntándose en una laguna.

Abriendo caminos, formando surcos,
formando hermosos manantiales,
levantando una neblina de esa agüita.

Las vicuñitas, los ciervitos, y los pajaritos
beben esa agüita para vivir.
Vicuñita, ciervito de las alturas,
tú que bebes esa agua de los cinco manantiales,
hazme beber a mí también esa agüita tuya,
quizás como tú pueda ser querida,
quizás como tú pueda ser amada.

Con el agua de la lluvia y el hielo
nacen los manantiales.
Cuando los manantiales crecen
se forman las lagunas y los ríos también.
Con la hermosa agüita las personas, las plantas,
y todos los árboles se alegran.
Al mojar la buena tierra,
los animales y los niños adquieren fuerza.

Si no existiese esa hermosa y dulce agua,
no podría existir nuestra vida.
Por eso siempre haremos la fiesta para la agüita
con cornetas de cuerno, tamborcitos,
quenas, zampoñas y bombos.
Cuando se deba limpiar la acequia
haremos fiesta en nombre del agua
para que al hacerlo estemos felices.
De esta manera haremos vivir
de un bonito modo a nuestra agua dulce,
nuestra agua limpia.

MY WATER, SWEET WATER

In the mountain heights, at the base of snow-capped
    peaks,
covered in clouds, the loveliest pure water sits in a lake.

When it turns to ice, it looks just like white stone.
When the sun is shining, and when it rains,
This lovely water melts and collects in a lake.

The beautiful ice becomes droplets
and proceeds in shining rivulets,
making little canals and small clouds
that rise up from the water.

The vicuñas, the deer, and the little birds
all drink this water to live.
Little vicuña, deer of the highlands,
who drink from the five springs,
may I also drink your sweet water?
Perhaps then I too can be beloved like you.

With the rain and ice, the water grows
and bursts from springs;
little lagoons are born;
streams start to run.
People, grass, and trees
all rejoice with the beautiful water.
When it soaks the good earth,
animals and children revive.

If this sweet, lovely water did not exist,
we would have no life.
And so we will always celebrate
with rustic horns and drums,
flutes and panpipes and whistles.
When we have to dig a canal,
we will have a festival in the name of water,
working to make ourselves happy.
Thus we make our water come to life,
clean and fresh, fresh and clean.

BRASIL

Kallpasapa wayra apawan chay hatunkaray Brasil suyuman
Qapaq puquq allpa,
Wiraqochayuq wakchayuq ima allpa,
Intiyuq Killayuq ima allpa,
Qorisapa qulqisapa ima allpa,
Puchu puchu allpa hinallataq wakcha allpa,
Waqachiq yawarsutuchiq allpa,
Khumpayuq awqayuq ima allpa,
Hatun Amazonas mayuyuq allpa, llapanchikpa
    kawsachiqnin,
Sinchi yunka runaq allpan, mana awqanman llallichikuq.
Brasil runapa wasinpiqa mana t'antatapas rikuranichu,
    ichaqa cafetapas sayritapas haywaykusunkiku.
Reqsisqa sambayuq allpa, yana nunanta takikuspa.
Africamanta runakunaqa takitapas tusuytapas kamasqaku
Apuskinkunata yuyanankupaq, hinallataq llakiyninkuta
    qonqanankupaq.

Chaypi, Brasilpi, Estados Unidosmanta apu sonqo
    runakuna hamuspa,
Tukuy hoqniraq kasqanta tariranku.
Paykuna: munaysapa runakuna (ñawpaqpi ñoqa,
    qhepapipas ñoqa)
Kayniy dolaresniyoq tukuy ima munasqankuta
    rantinankupaq,
Chaypi raymichanku: tusukunku, mikhukunku,
    upyakunku,
Visa nisqanku, mastercard nisqanku hapispa tukuy
    wichasqa burocraciapa punkunkunata kicharpariranku
    democraciarayku.

Noqayku: mana noqaykullapaq munaspa, sonqoyuq ullpu
   runa karaniku,
mana qolqeyoq, mana imatapas rantiyta atispa, anchata
   llamkaspa,
humpispa, waqaspa, aputayaykuta mañakuspa.
Burocraciapa punkunkunaqa noqaykuman wichisqa karan
pantasqa democraciapi.

Chaypi, Brasil suyupi, mana rimaspa ichaqa ruwaspamá
kawsayninkumanta yachachiranku.
Chaypi asirispa hawa runakunata chaskiykuranku
Bishigaman, Bahiaman, Ríoman, São Paoloman ima.

Chaypi kuyanakuq qariwarmikuna makinkuta tinkuchispa,
markanakuspa ima, americanokunaman qhawachinku
chaynallam Brasilpiqa kuyanakuy,
chiqaq sunqu, respeto kasqantaraq.

Chaypi llakinkunata allinchakuranku *"bom dia, tudo bem, boa
   sorte,*
obrigado, tá" nispa,
Kimsa kutita uyaykipi muchaykuspa.

Chaypi *feijoada, frango a passarinho,* miski t'antakuna,
chuntaruruyuq pizzakuna,
sumaq miski karanku guaranas, caldos,
Brasilmanta cerveza p'unchaw kaptin,
Chiri tutapaqtaq, timpu vino kachun, canelayuq, clavoyuq,
   miskiyuqpas.

Chaypi, ñuqapa kawsayniyta willapawaranku, campesino
   kawsayniyta yuyachiwaspa. Warma karani mana
   yachaspa puqllaytapas.
Utqayllaña wiñakurani, mana sipas kaspay.
Hinallataqmi Brasilmanta runa.
Warmi mana warmi kayta yachanchu.

Payta yachachinku qari kusichiyllata,
qari payllapaq warmiwan puqllananpaq.

Kay willakuyqa hunu runakunapa willayninmi,
Chakra runamanta qechurparisqaku allpanta, suyunta,
    kawsayninta, ayllunta.
Kay willakuyqa mana wasiyoqmanta, mana allpayoqmanta,
mana mikunayoqmanta ima.

Kay willakuyqa hunu mana wasiyoq runakunapa
    kawsayninmi.
Paykunaqa mosoq llaqtakuna ruwaqmi kanqaku.
Mosoq ayllukunata paqarichinqaku.
Kaypi, Estados Unidospi, achka qolqe kan, achka llankay,
    achka mikuna,
achka p'achakuna ima, hinallataq mana imapas kanchu.
Kaypi, Estados Unidospi, yawarniy rupanmi.
Sonqoy sinchita tiktinmi.
Ñutquy nanawan.
Umay pawan tupuykachkaspa:

Imaraykutaqri wakchakuna kan hatun qapaq allpapi?
Imaraykutaqri warmakuna mana aylluyuq, mana
    mikunayuq,
mana puqkllaspa tiyanku?
Imaraykutaqri wakinkuna tukuy imayuq kaspa
    usuchillanku,
wakinkunañataq yarqaptinku?

Hukpaqkama, yachanipuni imaraykuchus chay wamaq
    wayra
purichiwasqanta Brasil suyuman,
Musyanaypaq yarqaqkunapa waqayninta, chakiyaqkunapa
    waqayninta,
llapan runakunaq llakiyninta uyarinaypaq.
Yachaypaq umanchaypaq ima waqyamunku.

Huñunakunankupaq waqyanku kuskachayrayku, allin
kawsayrayku.
Chayraykutaq waqyanchis, Hatarisunyá!

BRASIL

Un viento fuerte me guía hacia la gran tierra de Brasil,
Tierra rica y fértil,
Tierra de reyes y esclavos,
Tierra del sol y de la luna,
Tierra de oro y plata,
Tierra de abundancia y pobreza,
Tierra de lágrimas y sangre,
Tierra de amigos y de enemigos,
Tierra del gran Amazonas, la fuente de vida de las
    Américas,
Tierra de los indígenas brasileños, que nunca se
    sometieron a sus enemigos,
Tierra donde en un hogar que no tiene ni pan, siempre hay
    café y tabaco,
Tierra de la famosa samba, el canto del espíritu africano,
la música y la danza que crearon para recordar sus raíces
y olvidar sus tristezas.

Allí, en Brasil, cuando los arrogantes del norte vinieron,
Descubrieron las diferencias entre ellos.
Aquellos: egoístas ensimismados, pensando *yo primero, yo*
    segundo, yo tercero.
Teniendo el dinero para satisfacer todos sus deseos y sus
    gustos.
Allí festejando, bailando, comiendo, emborrachándose,
Usando tarjetas de crédito para abrir todas las puertas
    cerradas de la burocracia en el nombre de la
    democracia.

Nosotros: generosidad, humanismo, compasión; sin
  dinero, sin gastar, trabajando, sudando, llorando,
  rezando—
Descubriendo puertas cerradas de burocracia en la falsa
  democracia.

Allí, en Brasil, las enseñanzas no fueron palabras sino
  acciones.
Allí, sonrisas brasileñas recibieron a los norteamericanos
En Bishiga, a Bahia, a Río, a São Paulo.

Allí, parejas amorosas, tomándose de las manos o
  abrazándose,
muestran a los norteamericanos
Que aún vale la pena la ternura, la lealtad, el respeto.

Allí, *feijoadas, frango a passarinho*, tortas brasileñas,
Pizzas con palmito, más y más sabrosos con guaranás y
  caldos.
Cerveza brasileña al día, pero para la noche fría
vino caliente con canela, clavo y azúcar.

Allí, la historia de mi vida fue recontada a mí otra vez,
La realidad de mi vida campesina,
Una niña sin niñez, una adulta sin juventud, como una
  brasileña,
Una mujer que no sabe cómo ser mujer,
Enseñada sólo a complacer al hombre,
Para que él se pueda divertir y usar a las mujeres
para complacerse a sí mismo.

Esta también es la historia de millones en el mundo,
De campesinos privados de su tierra, su país, su cultura, su
  familia.
Es la vida de los privados de hogar, de tierra y aun de
  comida.

Esta historia es de las vidas de millones de personas sin
    casas
quienes serán creadoras de nuevas ciudades y nuevos
    pueblos,
nuevas familias y comunidades.
Aquí, en los Estados Unidos, donde hay tanto dinero y
    trabajo,
tanta comida y aún ropaje, a la misma vez—no hay nada.
Aquí en Norteamérica, la sangre me quema.
El corazón me late fuerte.
El seso me duele.
La mente gira en busca de soluciones:

¿Hay una razón de la pobreza en esta tierra sumamente
    rica?
¿Por qué hay niños sin familias, sin comida, sin la alegría de
    jugar?
¿Hay una razón por la que algunos tienen todo y lo
    desperdician,
mientras otros no tienen nada y sufren el hambre?

Por fin entiendo porqué ese viento extraño me guió hacia
    la tierra de Brasil.
Fue para que yo sintiera el grito del hambre, el grito de la
    sed,
el grito de la miseria de todos los pueblos del mundo.
Sus gritos me llevan a entender, a comprender
el grito de la unidad, el grito por la paz y la justicia—
¡El grito por la revolución!

BRAZIL

A powerful wind guides my steps to the nation of Brazil—
a rich and fertile land,
a land of rulers and servants,
a land of the sun and the moon,
a land of gold and silver,
a land of abundance and misery,
a land of tears and blood,
a land of friends and enemies,
land of the great Amazon, the source of life of all America,
land of the fierce Indigenous Brazilians, who never
    submitted to their enemies,
where homes with no food at all still offer guests coffee
    and tobacco,
land famous for the samba, where the soul of Africa sings
the music and dances they created
to remember their ancestral roots and forget their
    sorrows.

There, in Brazil, when the arrogant North Americans
    came,
They found everything different from their way of life.
The Americans in their selfishness (I come first, everyone
    else is after me),
Use dollars to satisfy all their desires,
Partying, dancing, eating, drinking,
Their credit cards opening the doors of bureaucracy in the
    name of democracy.
Our way: generosity, humanity, penury; working, sweating,
    crying, praying,

Finding closed doors of bureaucracy in a sham democracy.
 There, the lessons from Brazilians were not lectures, they
    were actions.
There, smiling Brazilian people welcomed North
    Americans
To Bishiga, to Bahia, to Rio and Sao Paulo.

There, loving couples, holding hands or embracing,
show North Americans that there is still room for
    affection,
for loyalty and respect.

There, sorrows were consoled with
"*bom dia, tudo bem, boa sorte, obrigado, ta*"
And three kisses on the cheek.

There, *feijoadas, frango a passarinho*, Brazilian cakes,
Pizzas with palmito, all more delicious with guaraná and
    soup,
Brazilian beer by day, and for chilly nights,
hot wine with cinnamon, cloves and sugar.

There, the story of my life was told back to me, the reality
    of my peasant life,
A child without childhood, an adult without youth like the
    Brazilians,
A woman not knowing how to be a woman,
Taught to obey and please the man, so he can be
    entertained
and use women for his own enjoyment.

This is also the story of millions of people in the world,
Of peasants deprived of their lands, their countries,
their cultures, their families.
Of the lives of those without homes, land, or even food.

It is the life of millions of people,
creators of new towns and cities,
new families and communities.
Here, in the U.S., there is money, work, food, even
    clothing,
there is everything and nothing at all.
Here in North America, my blood is boiling.
My heart is pounding.
My brain is aching.
My mind is spinning in search of answers.

Why is there such poverty when this land is so wealthy?
Is there a reason not to have a happy childhood, youth,
    family, food?
Is there a reason for some people to have everything and
    waste it,
when others have nothing and starve?

Finally I understand why that strange wind
guided my steps to Brazil.
It was to make me feel the cry of hunger, the cry of thirst,
the cry of misery of all the people in the world.
It was the cry for knowledge and understanding.
The cry to bring unity, the cry for peace and justice—
It is the reason we call for Revolution!

PITAQ CHAY WARMIRI?

Chay warmiqa Inkakunaq willkan, paykunaqa
unay pachapi reqsinakusqaku maya runakunawan,
Asia runakunawan, Africa runakunawan,
hinallataq España runakunawan ima.
Payqa imaymana ñawpa llaqtakunapa yawarninta apan.
Paypa apuskinkunaqa Inka, Maya, Aymara ima kasqaku.
Perumanta, Africamanta, Españamanta ima
taytamamankuna huñunakuq hamusqaku.

Payqa munakuq sonqoyoqmi, chaynataqmi qespisqa
    munay nunayoq.
Payqa nunan wiñaypaq kawsananta iñin.
Paypa apunqa teqsimuyupa kallpanmi.
Payqa allintam uyariykun.
Payqa riman runakuna allinta yachapakunankupaq
    wiñaypaq yuyarinankupaq ima.
Allin kumpan payqa.
Rimaynin chaniyuqmi, imatapas rimaspa huntallan,
llapanku payta yupaychanankupaq.
Yuyaynin kicharayan, mana samaspa yachayninta wiñachin.
Yanapayninta munanankukama, yanapanqapunim.
Añaywanmi qosqankuta chakiykun.
Aska chaskisqanrayku,
paypas munaylla qoykullanmi,
Wasinmanta, nunanmanta, sonqonmanta.

¿QUIÉN ES ELLA?

Ella es la tatara tatara tatara nieta de los incas,
quienes son los hermanos de los mayas, los asiáticos,
los africanos y aun de los españoles.
Ella tiene la sangre multicolor de todas las raíces.
Ella es una mestiza, la combinación de los incas, mayas, y
  aymaras.
Ella es una mulata cholita peruana, de la mezcla de todas
  las razas.

Ella es simple y un elegante y libre espíritu.
Ella cree que su espíritu es eterno.
Su dios es la energía universal.

Ella es una buena escuchadora,
Y habla cuando cree que lo que quiere decir va a hacer un
  cambio
en la vida de alguien.
Ella es una amiga fiel.
Su palabra es un compromiso fidedigno que debes honrar y
  apreciar.
Ella es una mente abierta, una estudiante constante.
Su paciencia siempre crece, según su caridad sea solicitada.
Con agradecimiento recibe cualquier cosa que le dan.
Ella cree que ya ha recibido mucho,
Por eso comparte con gusto su abundancia,
la de su casa, su espíritu, su corazón.

WHO IS SHE?

She is the great, great, great granddaughter of the Incas,
who are the siblings of the Mayas, Asians, Africans and
Spaniards.
She has the blood of all races.
She is a *mestiza*, the union of the Incas, Mayas and
Aymaras.
She is a Creole, *cholita* Peruvian,
a mixture of every race on earth.

She is simple and graceful, a free spirit.
She believes that her spirit is eternal.
Her God is the Universal energy.
She is a good listener,
and speaks when she believes it will make a difference in
someone's life.
She is a faithful friend.
Her word is a commitment that you must respect and
value.
She is an open mind, a constant learner.
The more that is asked of her, the more her patience
grows.
She is grateful for what she receives,
and gives thanks for her prosperity by sharing her
abundance happily
from her home, her spirit, her heart.

Contributor and Translators

Joyce Klemperer saw *Living Quechua* (2014), a film featuring Elva Ambia and her mission of keeping Quechua alive in New York City. In 2018 Joyce joined the classes offered by Elva and others in the Quechua Collective; since then, she has continued to study and practice Quechua with members of the Quechua Collective and with a teacher based in Ollantaytambo.

Leonard Nalencz (PhD, comparative literature) is an assistant professor in the English department at the College of Mount Saint Vincent and a faculty member with the Bard Prison Initiative. His interest in Quechua began when he was living in Quito, Ecuador, and teaching at the Pontificia Universidad Católica del Ecuador. He started studying Quechua with Elva at the Endangered Language Alliance in 2019, and has continued to study with the Quechua Collective of New York, and to contribute to the translations in *Kuska Purikusun*.

Rachel Sprouse has been affiliated with the Quechua Collective of New York since 2015. She studied Quechua at New York University and helped to form the Collective's Quechua language program. Rachel now lives in Oxnard, CA.

Gloria Ccasania Ambía was born in Apurimac, studied psychology at Universidad Peruana Unión in Lima, and works at the Ministerio de Educación del Perú. She has published Quechua translations of Guaman Poma's works.

Eduin Coa Soto was born in Sucre, Bolivia, attended Universidad Mayor de San Francisco Javier in Sucre, and teaches at Institut National des Langues et Civilisations Orientales.

Douglas Cooke is the author of the *Quechua Cusqueño* textbook series. He teaches Quechua at Watuchi Siminchis Wasi.

www.tridentcafe.com/trident-press-titles

Printed in the USA
CPSIA information can be obtained
at www.ICGtesting.com
LVHW041734041024
792779LV00003B/54

9 781951 226206